# DE L'HYGIÈNE ET DE L'INSPECTION

# DE LA VOLAILLE

## DU GIBIER

## ET DU POISSON

### AU POINT DE VUE DE L'ALIMENTATION

PAR

## TH. BOURRIER

MÉDECIN-VÉTÉRINAIRE
INSPECTEUR PRINCIPAL DE LA BOUCHERIE DE PARIS

*Ex alimento robur, ex alimento morbus.*

## PARIS

### ASSELIN ET Cⁱᵉ, ÉDITEURS

LIBRAIRES DE LA SOCIÉTÉ CENTRALE DE MÉDECINE VÉTÉRINAIRE
Place de l'École-de-Médecine

### 1883

# DE L'HYGIÈNE ET DE L'INSPECTION

# DE LA VOLAILLE

## DU GIBIER ET DU POISSON

### AU POINT DE VUE DE L'ALIMENTATION

5942-82. — CORBEIL. Imprimerie CRÉTÉ.

# DE L'HYGIÈNE ET DE L'INSPECTION

# DE LA VOLAILLE

## DU GIBIER

## ET DU POISSON

### AU POINT DE VUE DE L'ALIMENTATION

PAR

## TH. BOURRIER

MÉDECIN-VÉTÉRINAIRE

INSPECTEUR PRINCIPAL DE LA BOUCHERIE DE PARIS

*Ex alimento robur, ex alimento morbus.*

---

# PARIS

## ASSELIN ET Cie, ÉDITEURS

LIBRAIRES DE LA SOCIÉTÉ CENTRALE DE MÉDECINE VÉTÉRINAIRE

**Place de l'École-de-Médecine**

—

## 1883

# PRÉFACE

Après les viandes de boucherie, les aliments du règne animal dont nous faisons le plus fréquemment usage comprennent : la volaille, le gibier et le poisson.

Bien des préjugés dangereux et des opinions erronées circulent encore sur ces comestibles et c'est pour vulgariser les notions de la science moderne que nous avons tenté le travail que nous livrons à la publicité.

Si nos efforts aboutissent à rendre quelques services à nos lecteurs et surtout à nos collègues, nous serons satisfait, car notre but est de rehausser dans la mesure de nos forces l'importance de notre profession en la montrant prospère et retrempée à la source vive du progrès.

Théodore **BOURRIER**.

# PREMIÈRE PARTIE

## CHAPITRE PREMIER

### DE LA VOLAILLE.

La France se distingue des autres pays de l'Europe par sa richesse en volailles de toute espèce ; citons par exemple les canards de Normandie, les dindes de la Champagne et les oies de Toulouse. Aussi le commerce de l'exportation et la consommation à l'intérieur prennent chaque année des proportions considérables. Paris absorbe annuellement des centaines de mille d'animaux appartenant à la race galline. Cette énorme consommation a sa raison d'être, car nous savons tous que les oiseaux de basse-cour sont classés parmi les substances qui donnent un bon suc, qu'ils constituent un aliment léger, savoureux, convenant indistinctement aux valétudinaires et aux personnes jouissant d'un estomac à toute épreuve.

« Je crois fermement, dit Brillat-Savarin, que le genre entier des Gallinacés a été créé uniquement pour doter nos garde-manger et enrichir nos banquets (1). »

Le concours agricole qui a eu lieu au mois de février dernier au Palais de l'Industrie nous a montré à quelle perfection est arrivée aujourd'hui la science de l'élevage et de l'engraissement de la volaille.

Nous y avons remarqué les plus beaux spécimens qu'il soit possible de rêver, et des pièces splendides arrivées à leur apogée comme graisse, finesse et appétence présentaient un aspect réjouissant plein de promesses et provoquaient l'admiration des amateurs.

En un mot, les Gallinacés de toute provenance rivalisaient de taille et de finesse.

Nous ne pouvons regretter qu'une seule chose, c'est que le prix de la volaille placée dans des conditions aussi avantageuses ne soit pas accessible à tous, car le plus grand nombre est destiné à figurer sur les tables princières ou celles des restaurants en renom de la capitale.

En temps ordinaire, le prix des oiseaux de basse-cour, lors même que la marchandise est abondante, est toujours assez élevé.

(1) Brillat-Savarin, *Physiologie du goût*.

Nous serions cependant en droit d'espérer une diminution sensible, vu les nombreux moyens de transport actuels et l'abondance des produits que nous envoient à l'envi toutes les parties de notre vaste territoire.

Il n'en est rien, et à certaines époques, comme au mois de mars de chaque année, la gent volatile se voit être l'objet d'achats nombreux et élevés. Nous expliquons cette consommation fabuleuse et cette augmentation de prix en disant qu'à ce moment la viande de boucherie est, pour plusieurs raisons, beaucoup moins estimée et que la volaille se fait remarquer par sa qualité. De plus, le luxe d'un poulet, d'un chapon ou d'une poularde s'octroie aujourd'hui plus facilement qu'autrefois. Nous sommes loin des temps de la légendaire poule au pot du roi galant; avec le progrès, l'aisance est entrée dans les familles, et de nos jours l'espèce galline orne la table du travailleur sage et économe comme celle des grands du monde.

Les habitants des villes sont soumis à une nourriture abondante et échauffante qui amène surtout au printemps quelques troubles gastriques; nous recommandons de remplacer les purgations classiques par un régime doux et l'usage des viandes blanches, de la volaille notamment. Il est bon de faire à notre table, quand nous le pourrons, l'honneur d'une pièce de choix, car un gallinacé bien engraissé fournit une nourriture saine, légère, délicate qui plaît généralement à tout le monde et qui apporte dans les mets une heureuse diversion.

La volaille est expédiée à Paris morte ou vivante. Dans ce dernier cas, immédiatement à leur arrivée on procède à l'opération du gavage, puis elle est vendue aux enchères par l'intermédiaire des facteurs autorisés par la préfecture de police.

Lorsque les expéditeurs envoient leur marchandise toute plumée et parée pour être exposée en vente, il est facile de constater avec quel soin extrême on a procédé à l'abattage des animaux. Les éleveurs de la Bresse, par exemple, les saignent très proprement au palais afin qu'ils ne portent aucune marque. Les plumes sont enlevées avec ménagement pour éviter les écorchures, puis ils sont cousus dans un linge fin suffisamment serré pour leur donner une forme avantageuse, enfin le tout est placé et expédié dans des caisses à claires voies.

Nous méprisons souverainement les personnes qui emploient des procédés barbares pour tuer la volaille. Ainsi certaines ménagères enfoncent une épingle dans la tête d'un canard pour empêcher qu'il perde du sang et le jettent pantelant. Il est bien préférable de saigner l'animal et de recueillir son sang. On prétend aussi que sa chair est plus délicate quand il est mort étouffé.

Lorsqu'une pièce est déjà d'un certain âge, on peut pour la rendre plus tendre la laisser légèrement mortifier en ayant soin de borner cette action à de justes limites. Nous recommandons de ne pas confondre la mortification avec la décomposition qui en est la suite, parce que dans ce cas la tolérance serait dépassée, et on doit rigoureusement rejeter de la consommation tout aliment qui n'est plus compatible avec le bon goût et qui serait susceptible de causer de graves préjudices à la santé. Nous reviendrons plus tard sur ce sujet.

Toutes les parties de la France envoient à Paris la volaille qui se consomme dans la grande ville, et c'est par exception que l'étranger nous fait quelques expéditions. Ce sont nos pays de culture et d'élève qui approvisionnent nos marchés pendant toute l'année; aussi lorsque la récolte en grains n'est pas abondante la production des sujets est toujours plus faible et nous nous en apercevons par leur petit nombre relatif et leur cherté excessive.

Les départements de l'Eure, du Loiret, d'Eure-et-Loir, du Rhône, de la Nièvre, de l'Oise et de Seine-et-Oise nous approvisionnent en poules et poulets.

Le département de Saône-et-Loire nous envoie ces poulets si délicats et si recherchés que nous appelons mâconnais.

Nous connaissons également avec avantage ceux de Bresse provenant du département de l'Ain.

La Sarthe, la Haute-Garonne et le Calvados nous expédient les chapons et poulardes qui jouissent chez nous d'une si haute faveur. L'Aube, la Vienne, la Haute-Garonne, le Cher, l'Indre, le Loiret et l'Eure fournissent abondamment ces dindons qui se font remarquer par leur vaste développement, la finesse et la sapidité de leur chair.

Notre belle Champagne aux plaines fertiles, aux riches coteaux et aux verts pâturages, approvisionne Paris de ces dindes superbes qui, tendres comme des poulardes, grasses comme des ortolans, parfumées comme des grives et bourrées de truffes jusqu'au bec, font les délices des gourmets si nombreux à notre époque.

Rouen et Nantes ont la spécialité des canards, et quand ils paraissent sur nos marchés les amateurs se les disputent à l'envi.

Les départements de l'Eure, du Loiret, d'Indre-et-Loire, de la Sarthe, de la Loire-Inférieure et de la Seine-Inférieure nous en fournissent aussi de grandes quantités.

Les oies qui ont une réputation excellente proviennent de la Sarthe, de la Mayenne, de l'Orne, de l'Indre, du Loiret et de Seine-et-Marne.

Les pigeons qui affluent sur nos marchés ont diverses origines : la Suisse et l'Italie nous en fournissent une quantité respectable, les plus estimés sont ceux élevés dans nos départements de Saône-et-Loire, de l'Oise, de la Somme, du Nord et du Pas-de-Calais.

Enfin les paons qui s'étalent avec orgueil au pavillon de la Vallée sont de source italienne.

# CHAPITRE II

## DES GALLINACÉS.

Les caractères qui distinguent les gallinacés sont tirés de la conformation du bec, des ailes et des pattes. Ils ont le port lourd, les ailes courtes et le bec médiocre à mandibule supérieure voûtée ; leurs narines sont en partie recouvertes par une écaille molle et renflée, leurs doigts dentelés au bord sont réunis par une courte membrane.

Leur estomac se compose d'un réservoir destiné à emmagasiner les aliments qui passent successivement dans le ventricule succenturié, puis dans le gésier ; enfin le régime granivore est principalement commun à tous.

Leur corps se divise en quatre régions : celle du cou, celle du dos, celle du sacrum et celle de la queue ; ce sont ces deux dernières qui forment le tronc proprement dit. La cavité thoracique ou de la poitrine est fermée en avant par le sternum, os impair encore appelé bréchet. Cet os grand et large s'étend sous le thorax et sous une grande partie de l'abdomen. Sa face supérieure ou interne est concave, l'inférieure ou externe est convexe et porte sur la ligne médiane une crête que l'on a comparée à une quille de navire. La masse des muscles est placée sous le sternum, et le grand pectoral qui est le plus extérieur constitue assurément le meilleur point de maniement de l'animal.

## Le coq.

Le type des Gallinacés est le coq qui mérite par ses nombreuses qualités le nom pompeux de roi de la basse-cour. Cet animal se distingue par la beauté de son plumage, par sa tête ornée d'une crête bien développée, par ses pattes qui sont armées d'un éperon vigoureux et par son corps dont toutes les parties sont bien proportionnées. Quand il est jeune, sa chair est très estimée, elle est tendre, ferme, nourrissante et facile à digérer; mais s'il a fécondé des femelles pendant un certain temps, elle est sèche et coriace, surtout quand son état d'engraissement est médiocre. Elle prend une couleur noire et acquiert une odeur de sapin ; la crête seule est très recherchée, on la vend par lot de plusieurs à un prix toujours élevé.

## La poule.

La poule est plus petite que le coq, son plumage

est moins brillant, sa queue est plus courte, sa crête et ses ergots sont moins développés.

Elle est originaire de l'Inde, mais du lieu de sa naissance elle s'est répandue sur tous les points du globe. Ce furent les habitants de l'île de Cos qui apprirent aux Romains l'art d'engraisser les volailles en les plaçant dans des endroits clos et sombres. On dit qu'en l'an II de la troisième guerre punique le consul Caïus Fannius défendit d'élever les poules dans les rues de Rome. Cette prohibition était due, d'après les uns, à l'immense quantité de volailles que l'on engraissait en ville, d'après les autres, c'est parce qu'on aurait reconnu dès cette époque que les poulets nourris à la campagne sont meilleurs que les autres.

La poule est un aliment de bonne qualité ; elle est nutritive et de facile digestion ; on prétend que celle dont le plumage est blanc est inférieure aux autres au point de vue de l'alimentation ; nous ignorons ce qu'il y a de vrai dans cette assertion. Quand la poule est âgée, elle devient dure et elle a besoin pour être consommée de préparations culinaires spéciales. De même, les jeunes que l'on vient de tuer : pour les rendre tendres on a indiqué plusieurs moyens, nous citerons celui d'Horace qui mérite d'être signalé, il est exprimé dans les vers suivants :

Si vespertinus subito se oppresserit hospes.
Nec gallina malam, respondet dura palato,
Doctus eris vivam misto mersare falerno,
Hoc teneram faciet.

La poule offre des variétés remarquables : en Chine elle a de la laine au lieu de plumes, en Perse il en existe une espèce sans queue, et dans l'Inde, bizarrerie de la nature, les poules ont la chair et les os de couleur noire ; cette particularité n'empêche nullement d'être très bonne à manger.

Les races gallines sont nombreuses, nous allons citer les principales.

1° La race du Mans ou de la Flèche, bien connue pour ses chapons et ses poulardes, a le plumage noir, elle n'a pas de huppe, elle est remplacée par quelques plumes qui surmontent la tête.

La crête chez le coq est d'un beau rouge, les barbillons sont longs et pendants et l'oreillon occupe une large place. Ses pattes sont fortes et ses quatre doigts armés d'ongles vigoureux ; enfin, chez le mâle comme chez la femelle, les jambes, les cuisses et les muscles pectoraux sont largement développés et se recommandent au goût par leur finesse et leur saveur.

2° La race de Barbézieux (Charente) à plumage noir sans huppe sur la tête, réunit nombre de qualités désirables pour l'éleveur et le consommateur

Les jambes des animaux appartenant à cette race sont courtes. En quatre mois les poulets ont acquis tout leur développement. La chair en est abondante et délicate.

3° La race de Bresse dont la taille est plus petite que la précédente, sauf la huppe qui fait défaut elle est identique sous le rapport du plumage.

4° La race de Crèvecœur (Oise), à jambes courtes et fortes, à plumage noir avec des reflets métalliques chez le mâle ; la huppe est volumineuse et surmonte la tête. La crête du coq forme une sorte de double corne en croissant, les barbillons et les oreillons longs et pendants chez le mâle sont courts chez la femelle, les pattes sont noires ou ardoisées dans les deux sexes. L'engraissement de cette race est facile et sa chair extrêmement délicate.

5° La race de Houdan si renommée par ses poulardes dont la chair est très recherchée des gourmets. Son brillant plumage présente diverses nuances, sa tête est ornée d'une crête triple et d'une huppe rejetée en panache sur le dos. Ses pattes ont cinq doigts, les ailes, les cuisses et les jambes se font remarquer par leur développement même chez la poule dont l'ensemble du corps présente autant de volume que celui du coq.

6° La race de Dorking, anglaise par son origine, à plumage varié, riche et abondant.

7° La race de Bréda que l'on désigne en Hollande sous le nom de poule à bec de corneille, son engraissement se fait avec facilité.

8° La race de Nankin, peu répandue dans les fermes et lieux de reproduction de la volaille parce que cette variété, encore appelée cochinchinoise, n'a pas pour qualité d'avoir les os fins ; au contraire le squelette est volumineux et de plus, si la poule donne des œufs une partie de l'année, ceux-ci sont d'un volume médiocre.

9° La race de Padoue ou de Pologne dont l'engraissement est fort précoce, elle offre cette particularité que la huppe qui orne sa tête est toujours d'une nuance différente de celle du plumage.

10° La race de Bantam, d'origine anglaise, facile à reconnaître à sa grosseur qui est celle d'une perdrix ordinaire ; elle n'est plus guère élevée en France qu'à titre de curiosité.

Du reste on a remarqué avec raison que les races étrangères ne valent pas les nôtres au point de vue lucratif et elles sont à peu près complétement délaissées. Personne ne conteste les qualités des poules de Houdan, de la Flèche, de Crèvecœur et surtout de la poule commune dont la rusticité est passée en proverbe.

Elle est bonne pondeuse, a beaucoup d'aptitude à l'engraissement et nous savons tous que lorsqu'elle est jeune sa chair ne manque pas d'être extrêmement délicate.

## Dindon (*Meleagris*).

Le dindon est un oiseau de basse-cour originaire du Mississipi et acclimaté en Europe depuis le quinzième siècle. Il est certainement un des plus beaux cadeaux que le nouveau monde ait faits à l'ancien, c'est le plus gros et le plus savoureux de nos oiseaux domestiques. Il était connu des Grecs, qui l'appelaient méléagride parce que ce fut Méléagre, roi de Macédoine, qui l'apporta en Grèce l'an du monde 3559. En 1432, les vaisseaux de Jacques Cœur rapportèrent les premiers dindons de l'Inde. Ce n'est donc point aux Jésuites, comme plusieurs naturalistes l'admettent, que nous devons leur introduction en France, puisque l'ordre de Loyola ne fut fondé qu'en 1534 et ne fut approuvé par le pape Paul III qu'en 1540.

Le nom de coq ou poule d'Inde, d'où dérive le mot dindon, nous semble plus naturel. Quoi qu'il en soit, on prétend que c'est aux noces de Charles IX qu'on en mangea pour la première fois en France.

Le dindon qui est élevé aujourd'hui dans nos fermes et basses-cours est le descendant du dindon sauvage. Sa taille est considérable, il peut atteindre en longueur 1$^m$,30 et avoir 2$^m$,50 d'envergure, son poids varie entre 10 et 12 kilogrammes. Il a le plumage ordinairement noir bistré, quelquefois mélangé de brun, de gris et de blanc ; sa tête et son cou sont presque nus, mais en revanche ils sont munis de caroncules charnues placées sur son bec. Ces appendices sont très extensibles à l'état normal, elles mesurent 2 à 3 centimètres. Quand elles se développent sous l'influence de la passion ou de la colère elles ont une longueur de 10 à 12 centimètres et passent rapidement du blanc au rouge cramoisi. La femelle, dont la taille est beaucoup plus petite, n'est pas munie de développement exagéré de caroncules, elle porte seulement de petites membranes tuberculeuses également susceptibles de changements de couleur. Le mâle se distingue encore par le bouquet de crins noirs qui lui pend au bas du cou, de plus ses pattes sont armées d'un éperon et les pennes de sa queue peuvent se relever en cercle comme celles du paon, mais elles sont plus courtes. Les caractères que nous venons d'énumérer s'appliquent aussi au dindon domestique qui ne diffère du type sauvage que par les variétés du plumage.

Ainsi, nous cultivons comme principales races : le dindon noir, le dindon rouge, le dindon jaune, le dindon blanc et le dindon jaspé dont les noms nous dispensent de toute description. Le plumage le plus commun est le brun noir mélangé de gris ou de blanc ; on en trouve dans le Berry, la Champagne et la Bourgogne qui sont complétement blancs ; ce sont, paraît-il, les plus délicats.

Dans le premier âge, les dindonneaux réclament beaucoup de soins, ils sont notamment sensibles au froid et redoutent la pluie. C'est au bout de deux ou trois mois que les caroncules et pendeloques commencent à se développer et s'injectent de la couleur rouge ; on dit alors qu'ils prennent le rouge. Cette époque est très dangereuse et en fait périr un grand nombre. Quand ils atteignent l'âge de sept à huit mois, ils ont acquis toute leur croissance et sont bons à engraisser.

En ornithologie, on dit un dindon et une dinde pour distinguer le mâle et la femelle de ces animaux ; en terme de cuisine on dit généralement un dinde pour désigner le mâle et la femelle, celle-ci a toujours une taille plus petite que le mâle.

La chair du dindon est délicate et nutritive, celle de la dinde est encore plus fine, à moins qu'elle ne soit vieille : dans ce cas elle a le sort commun de tout ce qui est chargé d'âge, c'est-à-dire qu'elle est dure, coriace et difficile à digérer. Dans certains pays, en Provence, par exemple, on habitue les dindons à se nourrir de noix ; nous trouvons ce régime défectueux parce qu'il communique toujours à la chair un goût huileux des plus désagréables. Nous préférons la méthode toulousaine qui consiste à gaver les dindons avec des pâtons de farine de maïs. Aussi les dindes grasses de Toulouse et surtout les dindes truffées ont acquis une réputation bien méritée.

La chair de cet oiseau est excellente, pleine de sapidité, très nourrissante et préférable à celle du poulet; elle constitue, surtout quand l'animal est jeune et qu'il a été élevé dans les champs, un aliment sain et de facile digestion pourvu qu'on en mange avec modération.

Nous terminerons ces quelques considérations en disant qu'il faut rejeter de la consommation les dindons trop jeunes et ceux qui ont succombé au mal rouge; ils ne sont comestibles que depuis l'âge de quatre mois. Ces animaux sont encore sujets à un écoulement nasal caractérisant une sorte de cachexie aqueuse. Dans ce cas, on reconnaîtra leur insalubrité à des tumeurs ou des pustules qui existent à la tête et aux caroncules ainsi que sous les cuisses et les ailes.

## De l'oie (*Anas vulgaris*).

L'Allemagne, la Hollande et la France recon-

naissent l'utilité de cet oiseau de basse-cour et pra-
tiquent avec raison son élevage en grand.

L'oie appartient à la classe des palmipèdes et à
la famille des lamellirostres, c'est-à-dire que ses
pieds sont palmés et qu'elle a le bec garni de lamel-
les qui forment dents sur les deux mandibules.

L'espèce domestique présente deux races : l'une
grosse, l'autre petite, mais chacune d'elles a de
nombreuses variétés. En France les oies les plus
renommées sont celles de l'Ariège, de la Haute-
Garonne, du Tarn et du Lot-et-Garonne où leur
élevage fait l'objet d'une industrie importante.

Leur plumage est gris foncé, lustré et relevé de
raies brunes tirant quelquefois sur le noir. Le bec
presque aussi long que la tête est jaune-orange, les
ailes sont courtes et les pattes nuance chair. Le
mâle, que l'on désigne sous le nom de jars, est à
peu de chose près identique à la femelle par sa
taille, le plumage seul est de couleur plus foncée.
L'oie de Toulouse, qui jouit d'une réputation bien
méritée, se distingue par sa taille et son volume,
ses formes sont épaisses et trapues, ses fanons
amples et ses pattes courtes. Avec l'âge, la chair de
cet animal devient dure et coriace, c'est entre 3 et
4 ans qu'elle a le plus de saveur et de délicatesse
s'il se trouve dans un état de graisse satisfaisant.
Le poids d'une oie digne de la broche varie entre

6 et 10 kilogrammes selon le degré d'engraissement.

Certains restaurateurs qui cherchent toujours le bon marché ont soin, quand ils ont acheté des oies passant cet âge, de bien marteler la chair avec un rouleau à pâtisserie, avant de les soumettre à la chaleur du rôtissoir. L'opération du martelage a aussi pour but de faire ressortir l'état de graisse en faisant disparaître les os saillants comme l'épigastre.

Aux Halles centrales, les oies sont mises en vente vivantes ou mortes, mais presque toujours pourvues de leurs plumes. Quand elles arrivent dans les mains des détaillants, elles sont tuées immédiatement, plumées et parées pour la vente. Il peut arriver qu'un commerce peu scrupuleux sous le rapport de la bonne foi vienne à offrir au client un canard pour une oie. Quand bien même le premier animal serait aussi avantageux que le second, la fraude n'en existe pas moins et il est nécessaire de savoir les reconnaître l'un de l'autre. L'oie a la taille plus forte que celle du canard, son cou est plus long ; elle a le bec plus court et moins plat, plus mince mais plus fort et plus haut que large à sa base. Ses jambes plus hautes que celles du canard sont placées moins en arrière.

Le commerce, pour obtenir les peaux dites de

cygne, fait enlever les plumes de l'oie, puis la peau étant fendue par le dos, l'animal est écorché avec le plus grand soin. Les oies qui sont vendues après cette opération sont loin de flatter l'œil et d'appeler l'appétit, mais si leur état de graisse est satisfaisant elles ne sont pas plus mauvaises que d'autres.

Une industrie bien connue et surtout très lucrative consiste à engraisser cet oiseau pour son foie avec lequel on fait des pâtés délicieux. Aussi les terrines de Nérac, de Toulouse et les pâtés de Strasbourg sont l'objet d'une énorme consommation. Nous avons vu des foies expédiés à Paris qui avaient atteint le poids phénoménal de 700 grammes. Les acheteurs de ce produit, qui depuis plusieurs années se vend en grande quantité sur le marché de la volaille, sont les marchands de comestibles, les restaurateurs et les pâtissiers. Ils en confectionnent des pâtés et des terrines en y associant des truffes plus ou moins vraies et les offrent aux consommateurs comme étant de la provenance que nous venons de mentionner. Dans les marchés de détail de Paris et surtout de la banlieue, l'oie est débitée par quartiers; quand un morceau commence à se défraîchir ou à s'avarier, les marchands ont le soin de présenter à la vue de l'acheteur le côté externe recouvert de la peau, il suffit de retourner la pièce pour se rendre compte de l'état de la marchandise.

La chair de l'oie fournit une nourriture très substantielle, mais elle ne peut être digérée que par les personnes qui prennent de l'exercice ou qui possèdent un estomac robuste. Nous ajouterons que toutes les préparations spéciales qui ont pour base l'organe hépatique ne conviennent nullement aux dyspeptiques, les personnes délicates et les convalescents feront sagement de s'abstenir de cet aliment indigeste.

## Le canard domestique.

L'élevage du canard a pris un grand développement en France depuis quelques années et les industriels de Rouen, de Toulouse et d'Amiens qui s'en occupent sérieusement savent qu'il est la source de nombreux bénéfices.

Dans l'antiquité, les Grecs et les Romains faisaient grand cas de cet oiseau ; Columelle et Varron décrivent pompeusement les basses-cours aux canards de l'époque. Elles étaient ornées de gazons, d'ombrages et de petits ruisseaux qui les rendaient très pittoresques et fort agréables. De nos jours ce luxe est abandonné, bien à tort croyons-nous, car les individus qui sont privés d'une eau limpide pour barbotter et qui se nourrissent d'immondices de toute nature perdent de leurs qualités alimentaires et surtout de leur finesse de goût.

Ces animaux ont au bout du croupion des vésicules remplies d'une huile grasse qui sert à les préserver de l'humidité et du contact de l'eau. La femelle se nomme cane et le petit caneton.

Il y a plusieurs races de canards, la plus répandue est une espèce qui se rapproche beaucoup du sauvage ; le commun est plus gras et a les pattes plus grossières et souvent noires, tandis que le canard sauvage a les pattes sèches et de couleur jaune orange. Nous en donnerons plus longuement la description au chapitre du gibier.

Après la race commune, celle que nous élevons en France de préférence pour l'engraissement est celle de Rouen ou de Normandie.

Elle est beaucoup plus grosse que la précédente, elle engraisse avec facilité et il n'est pas rare de voir des individus atteindre au bout d'une année de régime le poids respectable de deux kilogrammes.

Ensuite arrive le canard musqué ou de Barbarie, originaire de la Guyane, ce canard mesure en longueur soixante centimètres, c'est donc le plus gros des canards connus. Son plumage est plus foncé et les caroncules de la tête du mâle plus rouges que chez les précédents ; ses pieds sont également de couleur rouge. Sa chair est bonne ; mais il faut prendre le soin, aussitôt qu'on l'a tué, de lui trancher la tête pour empêcher l'odeur musquée de se communiquer à tout le corps. Le mâle est très actif pour la reproduction et il porte sur sa face tous les signes d'un tempérament ardent. En s'accouplant avec la cane commune, il donne naissance à un métis appelé *mulard*. Ce canard artificiel a le plumage sombre ou marron, sa face est dépourvue de caroncules et le cou porte quelquefois un collier blanc. Il est d'un bon produit, sa chair est excellente et a l'avantage de ne pas dégager l'odeur désagréable du musc. Sa graisse est extrêmement fine et bien supérieure à celle de l'oie et des autres canards.

Nous avons encore plusieurs races moins connues.

Le canard du *Labrador* dont le plumage est d'un noir magnifique avec quelques reflets verts ; le bec et les pieds sont noirs.

La race d'*Aylesbury* à plumage entièrement blanc avec bec et pieds jaunes, elle se fait également remarquer par son volume et son aptitude à l'engraissement.

Le canard *polonais* dont le bec est très recourbé et porte sur la tête une huppe caractéristique. Enfin nous citerons les canards *pingouins*, et *mignons* qui sont élevés plutôt comme oiseaux d'ornement que comme animaux de produit.

Comme nous l'avons dit plus haut, le canard a une grande ressemblance avec l'oie, mais au point de vue anatomique il serait difficile de définir où commence la famille des oies et où finit celle des canards.

La chair du canard était en haute estime chez les anciens ; à Rome la tête passait pour un morceau très friand. Le poète Martial a célébré la qualité de cette chair ; Caton d'Utique la recommandait à tous ses malades comme unique recette médicale. Nous croyons qu'il y mettait de l'exagération, car certains auteurs admettent que l'excès de cet aliment peut engendrer l'anémie. La chair de cet oiseau est brune et très sapide ; quand il est jeune, elle est ferme, savoureuse, nourrissante et contient beaucoup d'osmazôme ; quand il est vieux, elle est sèche et nourrit moins. Comme nous le disions plus haut, la nourriture a une grande influence sur la qualité de la chair et les connaisseurs distinguent parfaitement au palais les animaux qui ont été élevés dans les eaux courantes avec des graines et des herbes fraîches. Ceux qui ont vécu dans des eaux bourbeuses, de détritus, de vers et d'immondices dénotent par le goût leur cachet d'origine.

On développe artificiellement, par le gavage, le foie du canard et on en confectionne des pâtés et des terrines qui jouissent d'une grande réputation. Ces diverses préparations flattent le goût, mais sont loin de fournir un aliment sain et réparateur. Les amateurs feront bien d'en user modérément pour ne pas s'exposer aux indigestions, aux dyspepsies, gastralgies et autres affections peu rassurantes.

Les mélancoliques et les personnes sédentaires doivent s'en abstenir et même consommer avec prudence la chair du canard qui est lourde à l'estomac et difficile à digérer.

Il est facile de reconnaître l'âge d'un jeune canard. Les plumes des ailes ne se croisent qu'à trois mois ; jusqu'à six mois, les pattes sont flexibles et leur membrane palmaire souple ; à mesure que l'oiseau avance en âge, le bec acquiert de l'épaisseur, enfin plus il vieillit, plus la couleur de la peau prend une teinte foncée.

Le mâle se distingue de la femelle par des couleurs plus vives et des plumes frisées à la queue.

Disons encore que, chez ces animaux, le développement du tissu adipeux fait que leur chair s'altère très rapidement.

## Cygne.

Le cygne est le plus grand de tous les oiseaux aquatiques, il appartient au même genre que l'oie. Il était autrefois le symbole des bons poètes comme la cigale l'était des mauvais. Les anciens, frappés de l'extérieur séduisant de cet oiseau, en ont fait le coursier du char de Vénus. On a appelé Virgile le cygne de Mantoue parce que dans l'antiquité on avait fait de ce volatile un chantre merveilleux. Les proportions physiques de son corps sont élégantes : son cou est fort long, sa tête est petite et ovale, son bec est plus haut que large à la base ; son plumage est cendré avec quelques nuances de jaune la première année, il devient ensuite tout blanc et sa blancheur passe en proverbe : blanc comme un cygne.

Il y en a aussi dont le plumage est noir.

En France, le cygne est un oiseau d'ornement, on le met dans les pièces d'eau pour en rompre la monotonie. La Seine en était autrefois couverte, on prétend que c'est parce qu'ils détruisaient le poisson qu'on les ôta. En Allemagne on les élève en grand nombre.

La chair de ce palmipède est noire, dure, coriace et de difficile digestion ; mais si l'oiseau est jeune, elle est tendre, de bon goût et fort saine. Les Kamtschadales en font leur nourriture ordinaire. Les Romains, pour rendre sa chair plus tendre, l'engraissaient après lui avoir crevé les yeux, ou en le mettant dans l'obscurité.

La peau du cygne est recommandée en frictions aux personnes qui ont des douleurs rhumatismales.

## Paon.

Ce gallinacé que l'on croit originaire de l'Inde peut à juste titre être appelé le plus beau des oiseaux.

Ceux qui inventent les raffineries pour la table le font servir comme plat de parade. La tête de cet animal est petite, oblongue et ornée d'une aigrette splendide ; son corps a le volume de celui du dindon, son bec est convexe et fort, les pattes du mâle de couleur grise sont pourvus d'éperons. Enfin son plumage très brillant a été comparé par l'immortel La Fontaine à la boutique d'un lapidaire. Le proverbe dit : *Angelus est pennis, pede latro, voce gehennus.*

La femelle appelée paonne, plus petite, a les plumes moins brillantes, l'aigrette moins élevée et les pattes dépourvues d'éperons. Les petits s'appellent paonneaux. Par suite de sa rareté, le paon figure peu sur nos marchés, ceux que nous y voyons proviennent d'Italie et sont vendus pour leur plumage. La chair de cet oiseau a une saveur qui laisse beaucoup à désirer, elle est dure, coriace et indigeste, à moins que l'animal ne soit jeune. Nous ne nous expliquons donc guère ce qui l'avait fait porter, en si grand honneur chez les anciens. En effet, les Romains en étaient devenus si friands que des spéculateurs les élevaient en troupeaux pour l'approvisionnement de la ville.

### Les pigeons.

Dès l'origine des siècles, le pigeon a fait partie de nos oiseaux de basse-cour et son utilité a été reconnue par tous les peuples de l'univers.

Linnée considérait les pigeons comme des passereaux parce qu'ils vivent par couples d'une femelle et d'un mâle. Cuvier au contraire les range parmi les gallinacés, car ils s'en rapprochent beaucoup par leurs caractères anatomiques ; de nos jours cette opinion est généralement adoptée.

On compte près de trois cents variétés de pigeons qui toutes ont pour type le *biset*. Nous allons seulement parler des principales races.

Première race. — *Biset fuyard* ou *biset de colombier*.

C'est le pigeon fuyard qui peuple les colombiers dans la plupart des fermes. Il se rapproche beaucoup par ses instincts sauvages du type primitif, sa taille varie avec la quantité de nourriture qu'il trouve. Il est cendré-bleuâtre, bariolé de noir sur les ailes avec croupion blanc. Ses pieds sont noirâtres ou d'un rouge terne, l'iris des yeux sombre ou noir, son bec dépourvu de tubercules est noir ou plombé. Son cou à reflets changeants est bleu irisé et vert doré. Au temps des semailles et des moissons, ces pigeons porteraient de grands préjudices aux cultivateurs si l'on ne prenait le soin de les tenir renfermés dans le colombier.

Deuxième race. — *Pigeon mondain.*

De tous les pigeons ce sont les moins sauvages, ils sont robustes, gros et bien étoffés; leur taille est variable, aussi les a-t-on divisés en gros, moyen et petit *mondain.* Le premier se distingue par son volume se rapprochant quelquefois de celui d'une poule, ses yeux sont entourés d'un filet, son plumage offre toutes les nuances.

Le *mondain* moyen, très répandu dans le Midi, est noir bariolé de blanc, il résulte du croisement des autres races, on le nomme encore pigeon de *mois* parce qu'il peut donner une couvée tous les mois.

Enfin le petit *mondain* est le plus familier à

l'homme, il n'hésite pas à entrer dans les maisons, à voltiger dans les cuisines et à venir prendre sa provende dans les huches et sur les tables en y causant certains ravages.

Troisième race. — *Pigeon romain.*

Les variétés en sont fort nombreuses telles que le romain *coupé*, romain *argenté*, romain *blanc*, romain *gris*, etc.

Sa taille est forte et les ailes touchent le bout de la queue. Le bec couvert à la base d'une membrane épaisse est plus ou moins noirâtre ; cette variété a un filet rouge autour des yeux et porte sur les narines un développement caronculeux appelé fève. L'iris est blanc et le plumage varié à l'infini.

Quatrième race. — *Pigeon bagadais.*

C'est le plus gros de tous ; très élevé sur pattes, bec crochu, plumage sombre ou blanc. La caroncule qui couvre les narines est très développée et masque presque entièrement les yeux. Il n'est élevé que par certains amateurs à cause de son prix peu abordable.

Cinquième race. — *Pigeon polonais.*

Il se distingue par la forme carrée de la tête et

par un large ruban qui entoure les yeux. Plumage
noir, bleu, rouge ou marron, en un mot fort varié.


Sixième race. — *Pigeon boulant.*

On l'appelle ainsi parce qu'il présente sous la
gorge une boule énorme formée par la dilatation
du jabot. Son plumage offre les couleurs les plus
diverses.


Septième race. — *Pigeon cavalier.*

A la tête petite, le corps allongé et les jambes
hautes, les membranes couvrant les narines sont
épaisses.


Huitième race. — *Pigeon nonnain* ou *capucin.*

Ainsi désigné parce que les plumes du cou se
redressent et recouvrent la tête en guise de capu-
chon. Ruban rouge autour des yeux, bec petit ainsi
que la taille.


Neuvième race. — *Pigeon coquillé.*

Ce sont les plumes de l'occiput qui en se redres-
sant forment coquille. Mêmes caractères que les
précédents.


Dixième race. — *Pigeon cravaté.*

Les plumes de la gorge lui forment comme une gracieuse cravate blanche, bleue ou chamois. Bec court et petit, ce pigeon est très employé comme messager.

Onzième race. — *Pigeon volant* ou *pigeon voyageur*.

Sa taille est petite, il a un léger filet rouge autour des yeux, l'iris blanchâtre, les pattes sans écailles et le plumage varié de couleurs irrégulières ; il ne possède pas de tubercules sur les narines. Il jouit d'un vol rapide, et les anciens avaient utilisé cette faculté en s'en servant pour le transport des dépêches.

Douzième race. — *Pigeon culbutant.*

Les pigeons culbutants sont très petits, ont le vol irrégulier, rapide et haut ; lorsqu'ils sont à une certaine hauteur, ils font cinq à six culbutes de suite, absolument comme des saltimbanques. On prétend que cette pratique bizarre leur fait éviter souvent l'oiseau de proie, quelquefois, au contraire, elle les empêche de l'apercevoir. Ils ont l'œil perlé, sablé de rouge et entouré d'un filet rouge assez large, les pattes nues et sans écailles. Plumage varié.

Treizième race. — *Pigeon trembleur.*

Ces pigeons sont agités d'un tremblement continuel dans la tête et le cou, surtout au moment des amours. Bec fin, iris jaune et pas de filet autour des yeux. Différentes nuances de plumage.

Quatorzième race. — *Pigeon queue-de-paon.*
La disposition de la queue est caractéristique, les pennes se dressent et s'étalent en forme de toit, en lui donnant une forme gracieuse.

Quinzième race. — *Pigeon pattu.*
Cette race est emplumée jusqu'aux phalanges, leur taille est ordinaire et leur couleur variée.

Seizième race. — *Pigeon tambour.*
Il doit son nom au roucoulement qu'il fait entendre et qui, de loin, rappelle le bruit du tambour. Il est très pattu et porte la huppe. Son plumage affecte toutes sortes de nuances.

Il y a une foule d'autres jolies espèces qui ne se distinguent guère que par la diversité de leur plumage, nous croyons inutile d'en parler ici. Nous savons du reste que les variétés sont faciles à produire ; un éleveur anglais donne en trois années à ses pigeons le plumage demandé ; pour modifier la tête ou le bec, il lui faut six ans.

Les pigeons sont expédiés à Paris, en partie

vivants, et placés dans des paniers à claire-voie
par lots de cinquante ou cent. Ceux qui arrivent
étouffés et qui sont reconnus insalubres sont rigoureusement saisis et détruits ; quant aux autres, on
les met dans de petites loges appelées resserres qui
existent aux Halles centrales sous le pavillon
n° 4.

Là, des agents spéciaux sont chargés de les
séparer par espèces et qualités, et de procéder au
gavage. Cette opération consiste à introduire dans
le bec des pigeons, avec la bouche, de l'eau et des
graines. On ne les saigne pas, mais on les étouffe
en les serrant sous les ailes avec les doigts, ou
bien ils sont vendus vivants selon les instructions
des expéditeurs. On fait également des envois de
pigeons plumés et tout préparés ; dans ce cas, on
aperçoit la saignée qui existe près de la tête, à la
naissance du cou.

La chair du pigeon est brune, tendre, savoureuse
et nutritive ; il ne faut cependant pas en prolonger
trop longtemps l'usage parce qu'elle est très
échauffante, et c'est pour cette raison qu'elle ne
convient nullement aux tempéraments secs et irri-
tables. La chair des pigeons est bonne de un an
jusqu'à huit. A partir de cet âge, elle commence à
devenir coriace : les pattes éraillées, cendrées, les
ongles recourbés, les yeux ternes et le plumage

flétri sont, chez ces animaux vivants, les indices de la vieillesse.

Nous savons que les pigeons nourrissent leurs petits pendant les premiers jours de leur existence avec un liquide sécrété par des glandes placées dans la muqueuse œsophagienne. Si ces animaux viennent à perdre leurs petits trop tôt, ce liquide qui n'est plus utilisé irrite l'œsophage et produit des folliculites souvent mortelles.

L'alimentation avec certaines graines ou avec les insectes dont ils sont friands amène fréquemment la surcharge du jabot.

Les matières animales ou végétales en décomposition ont pour conséquence l'altération du sang ou septicémie due au développement d'un principe morbifique.

Les autres maladies étant communes à toutes les volailles, nous en parlerons dans quelques instants.

### Pintade (*Numida meleagris*).

Pour terminer notre revue des oiseaux de basse-cour, nous devons parler de la pintade.

Cet animal tient le milieu entre le dindon et le faisan ; il était connu des anciens et fut apporté d'Afrique par les Portugais au xve siècle. L'espèce la plus connue dans nos fermes où on l'élève en une sorte de domesticité est désignée vulgairement par les noms de Poule de Guinée, Poule peinte, Guinote, etc. Son plumage est gris perlé, couvert régulièrement de taches rondes et blanches qui lui donnent un aspect ardoisé bien caractéristique. Ses ailes sont courtes, sa queue pendante et courte, son corps présente la forme gibbeuse, son bec est muni de deux barbillons de couleur rouge et bleue, ayant la forme d'un triangle, d'un carré ou d'un ovale. Le mâle les a toujours plus développés que la femelle. La tête est nue, le plus souvent surmontée d'un tubercule calleux, d'une teinte fauve ou brune rougeâtre, les tarses sont dépourvus d'éperons.

Quand les plumes des pintadeaux commencent à prendre de la croissance, c'est-à-dire quelques semaines après leur naissance, ils ont une certaine ressemblance avec les petits perdreaux rouges. A cet âge, ils ne sont jamais mis en vente, à moins qu'on ne veuille leurrer l'acheteur trop confiant. C'est à huit ou dix mois que la chair de la pintade est le plus estimée.

Il nous reste à mentionner le lapin domestique qui se consomme à Paris en quantité prodigieuse; les départements qui nous font les envois les plus importants sont : le Loiret, l'Eure-et-Loir, la Seine-et-Oise et la Somme.

# CHAPITRE III



La conformation du lapin a beaucoup d'analogie avec celle du lièvre; à l'état privé, il en atteint souvent la taille quand il ne la dépasse pas. Sa lèvre supérieure est fendue jusqu'aux narines, et ses oreilles ont une longueur démesurée. Il a les membres de derrière plus hauts, plus allongés que ceux de devant: queue courte et relevée en arrière. La femelle se nomme hase et les petits lapereaux.

Le pelage du lapin présente les nuances les plus diverses: il y en a de gris, de noirs, de roux, de blancs et de panachés, mais le type primitif est le lapin gris.

Les races principales sont au nombre de trois: le lapin *gris*, le lapin *argenté* et le lapin *angora*. Le *gris* est l'espèce sauvage dont la taille est la plus développée par la domesticité, il y en a dont le poids atteint jusqu'à six kilogrammes. Sa robe est plus ou moins gris-noir, mélangée de roux et de jaune, avec le ventre, les pattes et le dessous de la queue blancs, quelquefois le pelage est gris de fer, noir ou mélangé de taches blanches, les yeux sont presque toujours rouges.

Le lapin *riche* ou *argenté* a la fourrure de couleur gris-blanc parsemé de noir, les poils sont plus soyeux et plus longs que ceux du lapin commun, la lumière lui donne les brillants reflets de l'argent poli, ce qui lui a valu son nom d'*argenté*.

L'*angora*, plus petit que le précédent, a les poils longs, soyeux, ondoyants et légèrement frisés, ils sont d'un blanc gris-perle ou d'un roux clair ; les lapins blancs ont les paupières ourlées de rouge. Comme principales variétés, nous citerons : le lapin de *Windsor* ou lapin *blanc de Chine ;* robe blanche, yeux rouges, bout du nez et pattes noires, poids de deux à trois kilogrammes, bonne qualité de chair, telle est sa description.

Le lapin *himalayen* porte la fourrure blanche avec le tour des yeux, les oreilles et les pattes brun noirâtre, les yeux ont la couleur ordinaire du lapin commun.

Nous ajouterons encore le lapin *hollandais* qui porte un pelage très varié et qui se fait remarquer par une taille excessivement petite. Le lapin *rouennais* dont la taille est au contraire très élevée, c'est le géant de l'espèce. Sa tête est grosse et de forme carrée, ses os sont très développés et son pelage ressemble à celui du lièvre, mais un peu plus pâle. Chair de médiocre qualité. Enfin, nous connaissons une espèce de lapin qui est élevée plutôt comme objet de curiosité qu'au point de vue alimentaire. Il est de petite taille et a la tête noire ; sa fourrure qui est blanche se vend toujours à un prix élevé. Nous ne dirons rien des produits nombreux que l'on obtient par la sélection de ces différentes espèces. Les Anglais, qui se donnent beaucoup à l'élevage du lapin, ont réussi à former des métis qui possèdent en couleur, en forme et en poids toutes les qualités que l'on peut désirer.

La chair du lapin est blanche, il n'est donc pas possible de la confondre avec celle du lièvre qui est rouge : cuite, celle du lapin reste blanche, celle du lièvre devient noire. Elle constitue un aliment sain, mais fade et indigeste ; pour être supportable, elle a besoin d'être relevée par beaucoup d'épices. Ce qui nuit surtout à sa qualité, c'est le manque de soins et la privation de nourriture que l'on fait subir à ces animaux ; ceux qui ont été soumis à la castration ont la chair plus ferme et d'un goût plus sapide que les autres. Les personnes qui élèvent des lapins pour leur propre consommation prennent la précaution de parfumer leur chair en les nourrissant huit jours avant de les tuer avec des plantes aromatiques : persil, estragon, pimprenelles et carottes.

Ceux qui sont exposés en vente n'ayant certainement pas été soumis à cette préparation, on peut leur communiquer une saveur analogue en remplissant l'intérieur du corps lorsqu'il est vidé avec les mêmes herbes. Cet aliment ne convient ni aux vieillards ni aux mélancoliques.

La manière de tuer les lapins a une certaine influence sur la couleur de la chair : quand l'animal a été saigné sous le cou, elle est plus blanche, plus ferme et de meilleur goût. Lorsqu'il a été frappé derrière les oreilles avec la main ou un corps dur, on constate en l'ouvrant que les vaisseaux renferment une certaine quantité de sang, le tissu musculaire présente moins de fermeté et il a plus de tendance à s'altérer sous les influences atmosphériques.

Les lapins sont sujets à de nombreuses maladies dont les causes principales sont les écarts de régime. Beaucoup succombent aux indigestions produites par un excès de nourriture : les animaux ne mangent plus, ont le ventre ballonné, sont atteints de diarrhée et périssent. D'autres fois, ils sont empoisonnés par les plantes vénéneuses qui se trouvent mélangées aux autres herbes, telles que : les laitues vireuses, les pavots, les ciguës, les jusquiames, etc... Lorsque la nourriture est trop aqueuse, par l'ingestion de plantes renfermant une grande quantité d'eau de végétation, comme les choux, les lapins deviennent hydropiques. Cette affection est désignée vulgairement sous le nom de gros ventre : les yeux sont chassieux, les poils tombent, la peau et la gorge se remplissent d'eau, le ventre enfle et l'étisie achève son œuvre. Le séjour dans les clapiers humides et malsains occasionne le même phénomène.

La diarrhée est la conséquence d'un régime trop rafraîchissant, elle fait beaucoup de victimes. D'autre part, une alimentation trop échauffante produit la constipation.

La gale qui a pour cause la contagion directe ou indirecte avec des animaux atteints de cette affection oblige de sacrifier tous ceux sur lesquels les parasites se sont multipliés. Les journaux de médecine vétérinaire rapportent plusieurs cas de transmission de la gale du lapin au cheval par l'intermédiaire de corps étrangers tels que : harnais, pailles, etc... Le foie du lapin est souvent envahi par le distôme lancéolé, nous constatons journellement ce fait dans l'inspection des marchés.

Le foie du lapin est quelquefois atteint d'une maladie causée par des parasites appelés psorospermies. Notre collègue et ami M. Morot a présenté, en 1878, à la Société centrale de médecine vétérinaire un foie qui offrait à un haut degré les altérations de cette affection et qui avait amené la mort du sujet.

Les lésions observées dans ce cas consistent en petites tumeurs du volume d'un grain de chènevis ou d'un pois disséminées à la surface et dans l'épaisseur de l'organe hépatique. Elles ne sont autre chose, d'après M. Railliet, que des êtres qui occupent les derniers degrés de l'échelle animale, tenant le milieu entre les animaux et les végétaux. Cette affection se communique parmi les lapins particulièrement par l'intermédiaire des aliments et de la litière des clapiers; notons bien que la contagion peut même s'étendre à l'homme.

Les exhalaisons du fumier en fermentation ont une influence pernicieuse sur les yeux des lapins, ceux-ci ne tardent pas à succomber en peu de temps à l'ophthalmie ou mal d'yeux. Il y a encore une foule d'autres maladies qu'il serait oiseux de mentionner ici : qu'il nous suffise de dire que le lapin a toujours servi et sert encore de sujet d'expérience aux savants qui cherchent à découvrir ou prouver des faits scientifiques.

Dans ces derniers temps, M. Pasteur, l'illustre académicien, a inoculé la fièvre typhoïde du cheval au lapin et à l'autopsie ce dernier a présenté tous les caractères de la maladie inoculée.

Nous savons que le goût de la chair de chaque espèce d'animaux varie avec le genre d'alimentation. C'est pourquoi nous devons nous demander quelle peut être sur le fumet des lapins et des lièvres la part d'influence de la singulière habitude qu'ont ces animaux de déglutir les matières alimentaires qui ont déjà parcouru le canal digestif. Ainsi que l'a démontré péremptoirement M. Charles Morot, les léporidés ne ruminent point, mais ils ingèrent tous quotidiennement une partie considérable de leurs *crottes*. La connaissance de cet acte étrange dans lequel notre éminent confrère voit une *redigestion*, ne veut pas contribuer à enlever aux lièvres et aux lapins leur qualification d'animaux impurs qui les fait rejeter de la consommation chez les Juifs. Nous conseillons à nos lecteurs de se reporter pour se renseigner plus amplement au travail de M. Morot, qui a été couronné d'une médaille d'or par la Société centrale de médecine vétérinaire de Paris en 1882 (1).

Sur les marchés parisiens, les lapins sont mis en vente sous trois états ;

1° Vivants ; 2° tués non dépouillés ; 3° tués et privés de leur fourrure.

Nous conseillerons toujours de les acheter vi-

_________

(1) Charles Morot, inspecteur de la boucherie de Paris, *Des pelotes stomacales des léporidés*. Librairie Asselin, 1882.

vants ; d'abord on juge mieux de la valeur de la marchandise et surtout on ne court pas le risque de consommer un animal mort d'une cause accidentelle. Lorsque la mort est récente et le lapin non dépouillé, il n'est pas toujours facile de reconnaître qu'il a succombé à une maladie quelconque. Ce n'est qu'au bout d'un temps plus ou moins long suivant la nature de l'affection que les yeux sont complètement ternes, le ventre ballonné, que les poils s'arrachent sans difficulté et que tous les tissus ont perdu leur fermeté. On constate la salubrité d'un lapin dépouillé par les caractères suivants : l'intérieur du corps est net et poli, les chairs présentent une couleur blanche avec des reflets brillants, les tissus résistent au toucher et ne conservent pas l'empreinte de la pression des doigts.

Au contraire, si les vaisseaux sont gorgés d'un sang noir plus ou moins épais, la surface des muscles terne, grisâtre, humide ou gluante, il faut rejeter de l'alimentation un pareil cadavre.

# CHAPITRE IV

## MALADIES DE LA VOLAILLE.

Les volailles, comme tous les êtres vivants, sont sujettes à de nombreuses maladies dont quelques-unes deviennent tellement graves qu'elles constituent par la grande mortalité qu'elles occasionnent des pertes sensibles pour l'éleveur.

Nous allons rapidement passer en revue celles qui affectent spécialement les appareils digestif, respiratoire et circulatoire.

Nous avons en première ligne les indigestions causées par l'ingestion d'une grande quantité d'aliments ou par leur mauvaise qualité. Il est porté à la connaissance de tous que les granivores avalent en même temps que les aliments des graviers qui leur sont indispensables pour broyer les grains dans leur gésier. Si cette trituration n'a pas lieu, les substances alimentaires s'emmagasinent dans l'estomac ou les graines arrivent entières dans les intestins et produisent les troubles de ces organes. C'est pourquoi le gésier de certains oiseaux a une telle force, que Spallanzani, après y avoir introduit jusqu'à des lames de canif, les en retira tordues.

Le cadavre d'une volaille morte d'indigestion se putréfie très vite; les intestins sont distendus par des gaz, on constate une stase sanguine dans le foie et les poumons, on retrouve dans l'estomac qui est rouge ou violacé uniformément ou par places, les substances ayant amené l'indigestion.

Nous avons ensuite les obstructions du bec, du larynx et du jabot.

Les obstructions du bec sont fort rares, elles peuvent cependant se produire par des graines qui, en s'y arrêtant, empêcheraient d'autres substances de passer.

Celles du larynx sont plus communes, surtout chez les oies et les canards qui avalent des corps d'un certain volume comme des noix ou des pommes de terre. Dans ce cas, il y a mort par asphyxie.

Les obstructions du jabot se présentent quand cet organe, trop bourré de nourriture, se trouve dans l'impossibilité de se contracter pour concourir aux phénomènes de la digestion, et une surcharge alimentaire mortelle en est la conséquence forcée.

Lorsque le sang s'épanche violemment et spontanément dans l'épaisseur des tissus, il produit l'apoplexie. Cette affection due le plus souvent à l'état pléthorique, à une nourriture trop abondante et quelquefois à la privation d'accouplement est malheureusement trop fréquente. En soulevant la peau du crâne après en avoir arraché les plumes, on constate dans ce cas des taches rouges noirâtres disséminées çà et là près du bec et sur les côtés près des orbites. De plus, tous les organes internes, le poumon notamment, sont infiltrés d'un sang noir plus ou moins foncé.

Le foie est sujet aux congestions chez les animaux gras et pléthoriques; on trouve dans ce cas des déchirures et même des ruptures de cet organe qui présente toujours une extrême friabilité.

Les intestins sont le siège d'entérites de diverses natures; la constipation, la dysenterie ou la diarrhée qui en sont les conséquences occasionnent souvent la mort des animaux.

Citons également la péricardite et l'hypertrophie du cœur dues à une diathèse congénitale, l'endocardite résultant de l'hémorrhagie interne des vaisseaux produite par des manipulations trop violentes des sujets.

Les maladies vermineuses ne font pas défaut; nous avons comme helminthes, le trichosome des gallinacés, le spiroptère de l'oie, l'ascaride du canard et de la poule, le monostôme et le distôme des palmipèdes et des gallinacés.

La gape est une affection due au développement

dans la trachée du ver rouge qui étouffe l'animal s'il est en nombre suffisant.

Toutes ces variétés d'helminthes ont été savamment étudiées par M. Mégnin.

Une maladie qui règne parmi la race galline est celle désignée vulgairement sous le nom de chaume. Elle est produite par l'usage de certaines graminées avariées, le seigle ergoté par exemple, que les animaux consomment quelquefois. Quand on aperçoit le corps du volatile sillonné de raies noirâtres ou bleuâtres plus ou moins prononcées ayant une grande analogie avec les traces que laisse sur la peau le toucher du nitrate d'argent, nous pouvons certifier que l'individu a succombé à la maladie que nous venons de signaler. La consommation des poulets atteints de chaume étant dangereuse, nous ne devons pas hésiter à les jeter aux ordures.

Nous arrivons à deux affections terribles qui tous les ans portent leurs ravages parmi les oiseaux de basse-cour, nous voulons parler du typhus ou choléra des poules et de la diphthérie.

Le typhus des volailles est produit par un microbe contenu dans le sang qui se décompose alors avec une grande rapidité. Nous devons à M. Pasteur une étude complète sur le développement de ce parasite.

Le cadavre d'une volaille morte du choléra présente les caractères suivants :

Les muscles n'offrent rien de particulier, le foie a souvent augmenté de volume, il présente une grande friabilité et possède une couleur rouge-brun ou marbré de jaune ; la muqueuse intestinale est rougeâtre par places et se trouve parsemée de nombreuses pétéchies ayant même l'apparence d'ulcérations. Les substances alimentaires renfermées dans l'appareil digestif sont diversement colorées et souvent mélangées de sang. Le cœur contient du sang aussi foncé en couleur que du jus de mûres. En plaçant une gouttelette sur le champ du microscope on constate une grande quantité de corpuscules sphériques ou oblongs, libres ou géminés, qui ne sont autre chose que les parasites vivant aux dépens du sang et le rendant impropre à la vie.

Les volailles qui ont succombé à cette affection ont la crête violette, le corps tout noir peu de temps après la mort, et une odeur infecte ne tarde pas à s'en dégager.

La diphthérie est une inflammation spécifique occupant le pharynx, le larynx, la trachée et qui est caractérisée par la formation d'une fausse membrane plus ou moins épaisse de couleur jaunâtre ou blanchâtre. Quand cette concrétion morbide affecte le fond du bec, elle forme le muguet jaune ou le chancre des éleveurs ; quand elle ne recouvre que la langue, elle constitue une inflammation ulcéreuse appelée vulgairement pépie. Quand elle se forme dans le pharynx, le larynx et les bronches, c'est l'angine couenneuse si redoutable tant par la production rapide de fausses membranes qui obstruent les voies respiratoires et amènent rapidement l'asphyxie, que par son caractère contagieux bien manifeste.

Cette affection se présente sous des caractères multiples. Dans la forme musculaire, on rencontre dans l'épaisseur des tissus des tubercules plus ou moins nombreux pouvant atteindre le volume d'un gros pois.

Dans la forme pulmonaire, ces nodosités peu nombreuses ont un volume variable. Dans la forme œsophagienne, elles offrent l'apparence de goîtres bien apparents sur les côtés du cou. Dans la plupart des cas, les fausses membranes se formant dans l'arrière-bouche et le pharynx, tapissent ces organes et forment de véritables plaques qui envahissent la langue et toutes les parties voisines. La cause de cette maladie des volailles est un parasite : la psorospermie.

Enfin nous savons que le docteur Bakodes, de

Pest, a avancé dans ces derniers temps avoir trouvé la trichine dans les parois du ventricule de deux poules, et M. Demarchi a annoncé, en 1865, l'avoir trouvée disséminée dans les muscles de la cuisse et de la jambe gauche d'une poule (1).

(1) *Journal de médecine vétérinaire de Lyon.*

# CHAPITRE V

## ALTÉRATIONS DES VOLAILLES.

Immédiatement après l'abatage, la chair d'une volaille a une odeur douce et fraîche et une couleur blanche plus ou moins prononcée suivant l'espèce; sa consistance est faible, mais à mesure qu'elle subit le contact de l'air, sa surface se raffermit, sa couleur devient légèrement jaunâtre et son odeur tend à disparaître. Tous ces caractères sont faciles à reconnaître quand l'animal a été tué dans des conditions normales. Il ne faut pas cependant faire confusion, certaines races offrent des nuances tout à fait diverses, ici nous avons une teinte rouge des muscles plus développée, là nous sommes frappés par des taches noires tout à fait naturelles, enfin nous rencontrons des sujets dont le tissu adipeux atteint une nuance jaunâtre caractéristique. Toutes ces différences doivent être appréciées à leur juste valeur. Si l'animal a été tué dans des conditions particulières, lorsqu'il a souffert sa chair est pâle et molle et sa graisse en petite quantité est grisâtre.

Certains parasites provoquent une maigreur générale, c'est pour s'en débarrasser que les animaux aiment à se trémousser dans la poussière ou dans le sable. Quand la présence de ces helminthes a occasionné une étisie extrême et qu'il y a prédominance du tissu osseux, on constate un véritable squelette. Dans ce cas la petite quantité de tissu musculaire qui existe est devenue je ne dirai pas insalubre mais immangeable par son manque de propriété nutritive, il faut donc la rejeter de l'alimentation.

Les sujets trop jeunes sont également impropres à la consommation. Regardez cette paire de pigeonneaux exposée en vente ! Leur développement étant incomplet, ils frappent les yeux par la petitesse d'un corps pâle, mou, gélatineux et s'écrasant sous la plus légère pression. Ce ne sont ni des os, ni de la chair, mais de véritables petits cadavres composés d'éléments muqueux qui seraient un aliment insipide au goût et nuisible à la santé.

Si la mort est le résultat de la maladie, le cas est encore plus grave. Lorsque l'affection à laquelle le gallinacé a succombé est de nature inflammatoire mais non spécifique, l'ensemble du corps présente un aspect général tout particulier. Le tissu musculaire a perdu son brillant habi-

tuel, on dirait que les fibres qui le composent
ont été lavées par leur macération dans l'eau
tiède, leur couleur plus ou moins foncée est due
à la présence du sang dans les divisions vascu-
laires ; il ne faut pas confondre cette nuance
avec la teinte noirâtre propre à certaines espèces. Au toucher on perçoit partout de la mollesse
et de la flaccidité, et les doigts désagrègent les
chairs avec la plus grande facilité. La graisse
elle-même est molle, de couleur grisâtre ou verdâtre ; son odeur aigre au début ne tarde pas
à devenir repoussante sous l'influence de la putréfaction qui s'en empare.

L'altération varie suivant les cas, parce que la
nature des virus exerce une influence manifeste
sur les tissus organiques. Ainsi dans le typhus ou
la diphthérie, les désordres sont plus apparents
parce que la virulence est généralisée. En portant ses investigations dans l'intérieur de l'animal, on constate que les séreuses lisses à l'état
normal ont perdu leur vernis, toutes les parties
ont leur surface humide et privée du poli qui
les caractérise dans l'état de santé. La fermeté
des chairs fait complètement défaut, elles se
détachent sans effort et présentent dans certains
cas des tubercules en quantité et en volume va-
riables. La muqueuse intestinale offre souvent

des plaques disséminées dans toute son étendue; les organes internes d'un volume anormal sont gorgés d'un sang noir et épais et se déchirent avec une grande facilité; l'examen microscopique du sang contenu dans tous les vaisseaux fait constater la présence du microbe qui a amené la mort. Enfin tous les tissus ne tardent pas à exhaler une odeur infecte.

La décomposition des substances organiques se fait en raison directe du développement de l'individu : un poulet qui a atteint toute sa croissance se corrompt moins vite que celui qui est plus jeune, parce que dans ce dernier le tissu gélatigène prédomine, du reste sa chair est beaucoup plus visqueuse, elle a pour effet de peser sur l'estomac et de relâcher le ventre.

Les muscles d'une volaille adulte ou âgée présentent une plus grande densité, les mailles qui les composent sont plus compactes et la quantité de gélatine qu'ils renferment est en moindre proportion. Nous savons, en effet, que les fibrilles composant la viande d'un vieux coq, durcissent en se condensant et en raison de leur grande cohésion elles offrent moins de prise aux causes extérieures susceptibles de produire les altérations. L'avarie est aussi en rapport avec la quantité de graisse que l'art ou la nature fait développer. Les chairs renfermant une grande quantité de tissu adipeux doivent à leur viscosité d'être plus saisissables par les agents délétères et de se décomposer plus rapidement que celles qui sont maigres.

Les manipulations favorisent l'avarie dans certaines limites; à mesure que les chairs sont soumises à la pression des doigts, elles perdent de leur fermeté, elles deviennent flasques, molles et se corrompent plus vite que dans les conditions ordinaires. C'est pour cette raison que les commerçants font quelquefois mauvais accueil aux personnes qui soumettent les animaux qu'elles ont l'intention d'acheter à des investigations manuelles trop prolongées. Il faut également bien se garder de souffler sur une volaille non plumée pour constater son état, il est préférable de relever les plumes avec les doigts si l'on veut se rendre compte de sa qualité, parce que le vendeur a la conviction que l'air exhalé par la bouche corrompt sa marchandise.

La défectuosité de l'emballage produit la détérioration de la volaille; nous rencontrons souvent en été des colis expédiés cependant en grande vitesse et qui arrivent dans un état qui rend les canards, oies et dindes tout à fait impropres à la consommation. Certains expéditeurs ont le défaut, lorsqu'ils envoient la volaille plumée, de vouloir placer un trop grand nombre de pièces dans des caisses étroites; trop serrées elles se contusionnent par le frottement, et si la température s'en mêle, la putréfaction ne tarde pas à s'en emparer. L'emballage précipité des animaux avant qu'ils ne soient complètement refroidis favorise leur altération. Au pavillon de la Vallée, nous saisissons les volailles qui expédiées vivantes ont été étouffées dans les paniers; la plupart sont ballonnées et plusieurs offrent à la vue les viscères s'échappant par l'ouverture anale.

Le temps écoulé depuis la mort du sujet agit également dans le cas qui nous occupe. Placé dans de bonnes conditions, un poulet peut se conserver quarante-huit heures en été et quatre jours en hiver; mais certaines influences atmosphériques influent sur la durée de conservation.

La manière de tuer la volaille y est pour quelque chose, un animal étouffé se décomposera beaucoup plus vite que celui qui aura été saigné; nous préférons ce dernier mode d'abatage.

Les pressions trop fortes exercées sur le corps peuvent avoir l'inconvénient de faire crever la vessie et les intestins et de communiquer à la viande une odeur urineuse ou excrémentitielle.

Certaines causes extérieures font subir à la volaille destinée à notre alimentation des modifications qu'il importe d'étudier.

Parmi ces agents nous avons :

1° Le contact de l'air atmosphérique;

2° L'électricité;

3° Les émanations putrides.

Une température sèche resserre la trame musculaire et la condense, la peau tend à devenir noire et la graisse elle-même en se desséchant revêt plus ou moins cette coloration. Jusqu'ici la tendance à l'altération est faible et l'aspect seul du sujet perd de son attrait aux yeux de l'acheteur. Il n'en est plus de même si nous avons affaire à l'humidité atmosphérique. Les pluies et les brouillards pénètrent à travers les pores de la peau, atteignent le tissu graisseux et font perdre la consistance aux fibres musculaires. Leur mollesse est quelquefois tellement grande, qu'elles offrent une faible résistance au toucher et qu'elles conservent les cavités formées par la pression des doigts. Dans ce cas l'odorat est notre juge : si l'odeur est encore peu accentuée, si elle dénote, comme dans le *relent*, que le commencement d'altération n'est que superficiel, on peut utiliser la pièce en la soumettant de suite à la chaleur du rôtissoir.

Lorsque l'humidité persiste, tous ces caractères sont plus tranchés, les tissus se dissocient d'eux-mêmes, leur odeur devient patente et le corps se couvre de productions cryptogamiques qui obligent à s'en débarrasser au plus vite.

La chaleur est certainement un des agents qui favorisent le plus les altérations.

Sous son influence, les graisses et toutes les parties musculaires se ramollissent, se déchirent et prennent un aspect verdâtre caractéristique. Cette couleur fait d'abord son apparition autour du croupion et de la saignée du cou, elle gagne le ventre, le dos, les ailes et les cuisses pour envahir le corps tout entier. Dans ces tristes conditions, les ferments ou vibrions ont produit une décomposition générale qui doivent faire interdire des aliments aussi dangereux.

Les insectes qui déposent leurs larves, produisent sur les corps les effets que nous connaissons.

L'état électrique de l'atmosphère agit sur les animaux dont nous parlons avec une certaine force; les jeunes, notamment, se corrompent avec une grande facilité; ainsi nous avons vu des poulets et des pigeons qui, étant sur la limite, devenaient par les temps orageux, subitement insalubres. Les marchands de comestibles disent qu'ils ont tourné.

Le séjour des intestins dans l'intérieur du corps concourt singulièrement à la décomposition.

Enfin les émanations putrides ont une influence désastreuse sur les volailles, il faut donc éviter de les placer à côté d'endroits qui, comme les cabinets d'aisance, dégagent des gaz délétères. Elles ont besoin, pour se conserver, d'air pur et d'isolement. C'est pourquoi les principaux marchés de Paris présentent une construction avantageuse : ils sont vastes, bien aérés et se trouvent à l'abri de conditions défectueuses. L'alimentation de la volaille joue un rôle considérable au point de vue de la qualité et de la salubrité. L'orge, le blé, le maïs, les pommes de terre, etc..., donnent d'excellents résultats en facilitant l'engraissement, et en communiquant à la chair une finesse et une saveur remarquables. Il n'en est plus de même des autres modes de nourriture, tels que chenilles, asticots, hannetons et cocons qui font maigrir les oiseaux de basse-cour, rendent leur graisse jaune, diffluente, et donnent à la chair un goût tout à fait désagréable.

Certains éleveurs ont même la spécialité de produire l'engraissement avec des viandes putréfiées; cette industrie a de nombreux inconvénients.

En 1857, le conseil d'hygiène et de salubrité de

la Seine fut chargé de constater les conséquences de ce mode d'alimentation. Il reconnut que les substances animales destinées aux volailles, étant en état de putréfaction, répandaient une odeur insupportable et dangereuse pour le voisinage, et conclut qu'il y avait nécessité de fermer un établissement de ce genre formé à Plaisance. Renault, alors directeur de l'École d'Alfort, a fait plusieurs expériences sur la conséquence de la nourriture de la volaille avec des viandes putréfiées. Voici les faits rapportés par le savant vétérinaire d'Alfort.

« On a pris et tué devant moi une poule de l'année et un canard mâle aussi de l'année. Ces deux volailles bien saignées ont été mises dans un panier découvert et emportées immédiatement chez moi dans une voiture. A 7 heures du soir de la même journée, c'est-à-dire trois heures après seulement, on a plumé et vidé les volailles qui répandaient une odeur très forte.

« Les intestins répandaient une odeur tellement repoussante, que l'on fut forcé de les porter dans une cour éloignée, et de ne pas les conserver dans la cuisine.

« Les chairs étaient plus molles et plus odorantes que celles des poules élevées à la manière ordinaire, et il fallut enlever le croupion et la partie inférieure de l'abdomen qui avaient déjà pris une teinte verdâtre marquée. Cette volaille fut mise à la broche et servie ; mais dans le cours de la journée, j'ai senti à cinq ou six reprises, que l'odeur de la viande putréfiée a pénétré dans la circulation et s'est manifestée par les sueurs (1). »

Il est donc bien évident qu'il faut prohiber pour la nourriture des volailles, l'emploi de substances susceptibles de communiquer à la chair un mauvais goût ou de la rendre dangereuse pour le consommateur.

L'analyse des aliments ayant subi des altérations a fait découvrir une foule de principes nuisibles dont la science ancienne ne soupçonnait pas l'existence, et si cette branche importante de l'hygiène eût été approfondie autrefois comme elle l'est aujourd'hui, on aurait prévenu bien des maux.

Dans les fonctions digestives du corps humain, l'estomac exerce une grande influence, et il est indispensable, pour la conservation de la santé, de lui appliquer les règles qu'il réclame. Or la satisfaction du goût agit énormément sur l'assimilation des aliments et, si à la vue, à l'odeur et surtout à la saveur, ils nous impressionnent désagréablement, cet organe qui est doué d'un instinct particulier difficile et souvent impossible à vaincre, se refuse

(1) *Annales d'hygiène*, 1856.

à les garder. Quand la répugnance qu'il éprouve est imposée de force, il rejette par le vomissement tout ce qui lui est antipathique. Les conséquences en sont toujours fâcheuses; l'estomac se fatigue, le système nerveux est ébranlé, et le corps privé des matériaux chargés de concourir à la réparation des pertes qu'il éprouve. Il peut arriver que, à la suite de contractions violentes, il survienne des congestions dangereuses, et même la rupture d'un vaisseau, dont la mort serait l'issue fatale. Ces désordres peuvent être causés par des aliments sains, mais ils deviennent plus fréquents quand ceux-ci sont viciés par une mauvaise qualité. Lorsque leur détérioration est produite par un principe morbifique, des troubles graves surviennent dans l'économie ; si leur emploi est prolongé, des dégénérescences, des difformités et des affections terribles telles que le scorbut, les scrofules, la goutte, les empoisonnements, en sont les tristes conséquences.

Se nourrir de viandes malsaines, est donc s'exposer à une infinité de maladies, ainsi qu'à une mort prématurée.

Nous voyons que l'usage des volailles insalubres offre de graves inconvénients au point de vue de l'hygiène et de la diététique, et il ne faut pas hésiter à rejeter de la consommation, celles ayant subi un commencement de putréfaction.

Depuis longtemps, on a observé des cas d'empoisonnement causés par leur emploi ; c'est dans les classes pauvres qu'ils sont constatés le plus souvent, parce que ces dernières consomment ces aliments qui leur sont vendus à des prix inférieurs. Les médecins ont reconnu comme principaux symptômes chez les sujets victimes d'un commerce imprudent, de violentes coliques, des vomissements répétés, des sueurs froides, une diarrhée abondante et fétide, en un mot tous les symptômes accompagnant l'intoxication.

Ces désordres sont attribués aux principes putrides dus à l'état de décomposition des substances ingérées. Nous savons, en effet, que dans les altérations organiques, il se produit des êtres microscopiques appelés vibrions, qui absorbés par l'économie, sont susceptibles de causer les phénomènes que nous venons de décrire ; ceux-ci sont toujours suivis d'une guérison lente et pénible, quand la mort n'en est pas le triste résultat. Plusieurs auteurs admettent que par la décomposition, il se forme des acides gras d'abord indigestes parce qu'ils sont insaisissables par les sucs gastriques et intestinaux et surtout dangereux par leurs propriétés nuisibles. Quelques savants voient dans les viandes altérées, la présence de productions cryptogamiques du genre champignon, dont la nocivité ne disparaît pas même après des cuissons répétées.

Enfin l'analyse des viandes en décomposition a fait découvrir un nouvel agent appelé ptomaïne, et qui joue un grand rôle dans les empoisonnements. Le mérite de cette découverte toute récente revient à M. le professeur Salmi de Bologne, qui a reconnu que cet élément morbide était une substance basique analogue aux alcaloïdes végétaux.

MM. Boutmy et Brouardel ont fait de nombreuses recherches sur les effets des ptomaïnes dans l'organisme.

Ces princes de la science ont reconnu que non seulement elles existent dans les cadavres, mais encore dans les matières alimentaires altérées.

M. Brouardel cite l'empoisonnement de plusieurs personnes qui succombèrent après avoir consommé de l'oie farcie ; l'autopsie a démontré la présence des mêmes ptomaïnes que celles existant dans les restes de l'animal en question. Nous croyons inutile d'insister davantage devant des faits aussi évidents.

Il est bon de se mettre en garde contre les fraudes d'un commerce peu scrupuleux. Quelques détaillants ou marchands au panier, font la toilette à la volaille, c'est-à-dire que les ergots sont enlevés avec habileté, les pattes sont maquillées avec une couleur rouge, toujours dans le but de faire croire à une jeunesse qui n'existe plus, et pour réparer des ans, l'irréparable... dureté.

D'autres enlèvent la graisse que le volatile possède à l'intérieur en lui faisant suivre la voie anale, et pour cacher cette indélicatesse, ils la bourrent de papiers ou de chiffons. Cependant, sans avoir rien enlevé, le commerçant peut avoir placé du papier ou des herbes à l'intérieur de la volaille, dans le but de conserver plus longtemps sa fraîcheur ; c'est à l'acheteur de se rendre un compte exact des particularités que l'on est susceptible de rencontrer.

La connaissance des meilleurs procédés pour la conservation des oiseaux de basses-cours est d'une grande importance dans l'économie domestique, nous allons donc indiquer les plus simples et les moins dispendieux.

Il faut d'abord avoir soin de vider soigneusement les animaux et de remplir l'intérieur de leur corps avec des herbes fraîches, du papier gris ou mieux du poussier de charbon. Les sachets de toile remplis de charbon de bois n'ayant pas encore servi, sont très utiles dans ce cas. En n'enlevant pas les intestins, ceux-ci qui ont une grande tendance à se putréfier, entreraient en fermentation et porteraient bientôt partout la putréfaction ; on accroche ensuite la volaille ainsi préparée dans le garde-manger. Ce meuble doit être construit de manière qu'on puisse à volonté y établir un courant d'air, et surtout placé à l'abri des rayons du soleil et exposé au nord.

Il est de toute nécessité de le tenir dans un état très rigoureux de propreté ; pour cela, il faut laver ses parois de temps en temps avec de l'eau vinaigrée ou une solution de phosphate de chaux. Lorsque la température est orageuse, il est utile de laver l'intérieur du corps de la pièce à conserver, avec du vinaigre de première qualité, dans lequel on a fait fondre une poignée de sel.

Un autre procédé consiste à envelopper la volaille d'un linge serré et fermé avec des épingles et à l'enterrer dans du poussier de charbon neuf, dans du seigle ou du blé ; ce moyen n'enlève rien à la qualité de la chair.

Un procédé à la portée de tout le monde consiste dans l'emploi du vinaigre.

La volaille plumée et flambée est plongée dans l'eau bouillante pendant quelques instants. On la retire de cette eau et on l'arrose de bon vinaigre mélangé de vin rouge et de quelques aromates.

On soumet ensuite ces chairs à l'ébullition jusqu'à leur demi-cuisson, puis on les place dans un bocal de verre que l'on soumet au bain-marie à cent degrés centigrades pendant une demi-heure. Cela fait, il suffit de verser sur la saumure une couche de cire fondue et en plaçant le bocal dans un lieu frais, on a la certitude de conserver pendant six mois intacte la qualité de la volaille.

Quand un volatile est déjà avancé, il est indiqué d'arrêter la fermentation en le faisant cuire à moitié. Depuis quelques années on a préconisé le biborate de soude dont on saupoudre la saignée et le croupion. La bonne cuisine hésitera toujours à utiliser ce procédé, parce que cette substance communique aux chairs une odeur de lessive qui inspire une certaine répugnance. Quant aux autres sels de conserve, les uns renferment de l'acide salicylique, les autres de l'alun et leur innocuité n'étant pas encore démontrée, il est prudent de ne pas les employer. Nous ne dirons rien de la salaison par le chlorure de sodium (sel de cuisine), nous connaissons ses avantages incontestables et incontestés, seulement, il est nécessaire que ce produit soit pur, lourd et pesant; le sel léger étant terreux. Il faut surtout ne pas négliger la précaution de bien couvrir les animaux à conserver pour éviter l'attaque des mouches.

Enfin, on peut garder pendant plusieurs mois, même en été et sans dommage pour le goût, des membres de volailles désossés en les préservant du contact de l'air par l'action protectrice de la graisse. C'est le meilleur moyen que nous recommandons également pour le gibier et en général pour toutes les substances alimentaires d'origine animale.

# DEUXIÈME PARTIE

---

## CHAPITRE PREMIER

### DU GIBIER.

On donne le nom de gibier aux animaux vivant en liberté qui sont la proie du chasseur et qui servent à notre nourriture. Il constitue une grande ressource alimentaire qui se fait très vivement sentir en temps prohibé. Il est vrai que si à cette époque il disparaît des étalages, on en retrouve dans certaines maisons moyennant finances. C'est regrettable, parce que quand la chasse, le colportage et la vente du gibier sont interdits, il est plus ou moins maigre, ensuite parce que cela excite au braconnage. Nous désirons vivement que, à part traques et battues pour les animaux nuisibles, *sous aucun prétexte*, une fois la chasse fermée, en plaine comme au bois, aucun engin destructeur ne soit posé ni aucun coup de fusil tiré.

Nous connaissons plusieurs divisions du gibier. Ainsi il y a le gros et le menu gibier. Le gros comprend les bêtes fauves comme le cerf, le daim, le chevreuil et le sanglier. Le menu comprend le faisan, le canard sauvage, les bécasses, les cailles, etc...

Le gibier à poil renferme les lièvres et les lapins. Une autre division distingue le gibier à plumes, le gibier à poils et la venaison. Pour plus de facilité nous suivrons l'ordre suivant :

1° Gibier à poils ; 2° gibier à plumes.

La chair des animaux qui vivent à l'état sauvage est plus foncée en couleur que celle de nos animaux domestiques, elle doit cette particularité à sa composition. En effet, la quantité de fibrine, de sang, d'osmazôme est plus grande que chez les animaux qui vivent autour de nous ; l'albumine et la graisse seulement sont en moindre proportion, car la plus grande partie des individus sont maigres. L'analyse a donné les résultats suivants : substances azotées, 15 à 20 pour cent ; albumine, 5 ; extraits divers, 2 à 10 ; sels, graisse et eau, quantité variable suivant les animaux. Il est par conséquent facile de reconnaître que le gibier constitue un aliment recommandable à un haut degré.

« L'aliment que fournissent les bêtes sauvages, dit M. Michel Lévy, intéresse toute l'économie à la digestion. Il détermine un mouvement énergique de concentration sanguine sur l'estomac, qui verse avec abondance ses fluides ; il y séjourne long-temps, il est altéré fortement par l'action du tube digestif, et ne laisse que peu de résidu, pendant son élaboration, la circulation s'anime, la chaleur générale augmente, les organes qui prédominent, par leur action congénitale ou acquise, ressentent plus particulièrement l'effet de la stimulation générale, de cette sorte de fièvre physiologique qui accompagne la digestion des substances animales par excellence. Le sang puise dans cette nourriture une somme considérable de matériaux essentiellement réparateurs et distribue plus libéralement, à toutes les parties du corps, la stimulation et la vie (1). »

La chair du gibier ailé est riche en fibrine, son degré de coloration varie avec la plus ou moins grande quantité d'osmazôme qu'elle contient ; son parfum et sa délicatesse sont plus développés que dans la volaille. Ses qualités éminemment stimulantes et réparatrices la font rechercher pour les estomacs faibles et délicats.

La chair du gibier à poils est moins sapide et moins fine, la cuisson lui communique une cou-

(1) Michel Lévy, *Traité d'hygiène.*

leur noire caractéristique et développe son odeur de sauvage : sa digestibilité et ses qualités sont soumises à des circonstances particulières. La nourriture a une grande influence sur la sapidité et la finesse du gibier. Nous savons tous que les plantes odoriférantes et les fruits aromatiques lui donnent un parfum qui le font apprécier des connaisseurs. Nous avons remarqué que le goût d'une perdrix rouge du Périgord n'est pas le même que celui d'une perdrix rouge de la Sologne, parce que ces deux localités diffèrent par le terrain qui n'offre pas aux animaux la même nourriture.

Le sanglier très recherché chez nous ne vaut rien en Algérie, et comme le dit Brillat Savarin, quand le lièvre tué dans les plaines des environs de Paris ne paraît qu'un plat assez insignifiant, un levreau né sur les coteaux brûlés du Valromey ou du haut Dauphiné est peut-être le plus parfumé de tous les quadrupèdes. Nous avons nous-même constaté que la chair du lièvre habitant une localité humide et marécageuse était détestable, tandis que celle d'un montagnard langrois ayant brouté le thym et le serpolet flattait agréablement le palais. La manière dont l'animal a été tué influe sur sa qualité : le cerf, par exemple, sera préférable lorsqu'il aura été forcé, parce que la course plus ou moins longue qu'il aura fournie, a eu pour résultat de rendre sa chair plus tendre. L'état de santé est à considérer, nous n'avons pu consommer la chair d'un garenne que nous avions tué n'étant pas guéri d'une blessure ancienne qu'il portait à la cuisse. La quantité de tissu adipeux contenue dans la viande exerce son influence sur la digestion; la graisse, en effet, est difficilement émulsionnée et saponifiée par son mélange avec le liquide pancréatique. Les animaux jeunes ont les muscles tendres, et leurs fibres peu denses offrent une moins grande résistance à la mastication et à l'action des sucs de l'estomac. D'un autre côté, s'ils ne sont pas assez formés, la fibrine et la gélatine dominant rendent leurs muscles peu aptes à donner des forces. Ceux qui sont âgés ont le tissu musculaire plus ferme, les mailles qui le composent sont denses, serrées, ce qui les rend souvent durs et coriaces; leur chair a perdu une partie de leur parfum et de l'osmazôme qu'elle contenait, elle devient par conséquent moins sapide, moins nutritive et plus indigeste. Les individus qui ont atteint leur croissance moyenne sont ceux qui se trouvent dans les meilleures conditions, leur chair très estimée jouit d'une grande puissance réparatrice. Disons encore que les oiseaux aquatiques ayant une densité musculaire très grande sont plus nutritifs mais aussi plus difficiles à digérer que les autres.

Le gibier est utile à l'homme qui travaille, qui subit les intempéries, il est facile de prévoir que la faim s'adresse plutôt aux aliments riches en principes albuminoïdes. Il faut cependant en faire un usage modéré, car cette nourriture très stimulante présenterait pour l'estomac un danger perpétuel d'incendie. Elle ne convient ni aux enfants, ni aux adolescents, et les personnes délicates feront bien de s'en abstenir ou d'en consommer avec beaucoup de prudence. Les médecins prescrivent le gibier dans certaines maladies : dans la glycosurie, par exemple, ils recommandent les viandes noires ; dans la dyspepsie, ils permettent l'usage des espèces très digestibles comme le halbran, le perdreau, l'alouette et les petits oiseaux, mais ils prohibent toujours du régime des convalescents, les volatiles de mer qui ont le goût huileux et pèsent sur l'estomac. Il est inutile de dire qu'il faut rigoureusement exclure de la nourriture des malades tout gibier de poil et de plume qui est soumis au faisandage. Du reste, en faisant la description des individus nous déterminerons plus amplement leurs propriétés respectives.

Il faut bien se garder de faire un usage immodéré du gibier, car il est échauffant, augmente la soif, prédispose à la constipation et à la maigreur, en un mot il augmente la proportion de la fibirne et des globules sanguins. Il est bon de se baser sur le climat que l'on habite. Les peuples du Nord peuvent en user largement parce que cette nourriture produit beaucoup de calorique qui permet de mieux résister aux températures glaciales. Ce sera encore le régime des constitutions lymphatiques, molles, languissantes et disposées aux humeurs froides, mais avec réserve, parce qu'il est susceptible de provoquer des inflammations et des phlegmasies de toutes sortes. Il faut surtout défendre aux malades le gibier trop gras ou trop avancé en âge. Un convalescent s'accommodera bien de petits oiseaux, becfigues ou ortolans ; à mesure que les forces reviendront il supportera la chair blanche d'une gélinote ou d'une perdrix rouge. Enfin, lorsqu'il sera complètement remis, la chair brune de la bécasse, du coq de bruyère, du canard sauvage, de la grive ou du pluvier lui sera très profitable. L'alimentation des valétudinaires n'a pas toujours un choix bien varié ; elle doit restreindre à certaines espèces, les animaux qui peuvent être utilisés par la diététique comme réunissant les conditions qu'on est en droit d'attendre de cette nourriture.

On constate que l'augmentation de consommation porte beaucoup plus sur les espèces communes que sur les pièces fines qui sont toujours d'un prix plus élevé. On reconnaît par exemple que la quantité des lièvres allemands qui se consomme surtout parmi les classes les moins fortunées ou dans les restaurants à bon marché, s'est accrue dans une grande proportion.

De tout temps l'approvisionnement de Paris en gibier lui est venu de Seine-et Marne, de l'Aisne, de l'Oise, de Seine-et-Oise, de la Somme, des Côtes-du-Nord, du Pas-de-Calais, du Finistère, de la Sarthe et de la Mayenne. Mais depuis un certain nombre d'années, grâce aux vastes réseaux de chemins de fer, les pays étrangers contribuent dans une large mesure aux envois de toutes ces espèces qui nous rendent d'utiles services par la variété qu'elles permettent d'introduire dans notre alimentation.

La venaison provient en partie de Seine-et-Marne et de l'Oise ; cependant l'Allemagne et l'Autriche nous fournissent un nombre remarquable de chevreuils et de cerfs.

Pour les neuf dixièmes de lièvres qui entrent dans Paris, nous sommes tributaires de l'Allemagne, l'autre dixième seulement est tiré dans nos départements. Nous le regrettons, car le lièvre français est infiniment supérieur pour la saveur et la délicatesse de sa chair. Malheureusement les animaux sauvages et surtout le braconnier, notre ennemi le plus terrible, lui font une guerre acharnée, et nous pourrons bientôt dire, si l'on n'y apporte un remède énergique, que le lièvre a vécu !

Les excellents petits garennes viennent de la Bretagne, du Nord et de la Normandie. Les faisans proviennént encore en certain nombre de Seine-et-Marne et de l'Oise, mais l'Allemagne et l'Angleterre sont notre principal approvisionnement ; les perdrix et perdreaux sont le produit des chasseurs de la Bretagne et de la Picardie. En hiver, l'Espagne nous envoie les perdreaux rouges.

La Provence, l'Italie et la Grèce nous expédient les cailles bien grasses et bien dodues que nous consommons avec tant de plaisir. La Hollande, la Somme, le Nord et la Bretagne nous fournissent les bécasses et les bécassines.

La grive si recherchée par sa finesse, nous la demandons à nos voisins d'outre-Rhin. Les alouettes qui affluent en si grand nombre sur nos marchés sont originaires des environs de la capitale et du midi de la France. L'Italie en fait également quelques envois.

Les becfigues nous viennent des Landes, les ortolans de Toulouse et les autres petits oiseaux des différents départements de la France.

Les mers du Nord et surtout la Hollande nous font d'importantes expéditions en oies et canards sauvages.

Les sarcelles se trouvent encore dans nos marais de l'ouest de la France, l'Italie aussi nous en expédie un certain nombre chaque année.

Enfin la Belgique et la Hollande coopèrent à nos départements pour les envois de pluviers, vanneaux, râles et poules d'eau et autres oiseaux de marais.

Nous allons parler des individus qui alimentent particulièrement le ventre de Paris, et nous entrons immédiatement dans le domaine des fauves.

# CHAPITRE II



## Cerf (*Cervus elphus*, Linné.)

Le cerf se trouve dans l'ancien continent, on le voit dans presque tous les pays. Il y en a de blancs dont la race était connue des Grecs, il y en a de bruns en Corse, de rougeâtres en Amérique et de gris à l'Ile de France. Son pelage le plus ordinaire est le fauve, il varie du brun au roux. Ses membres sont flexibles et nerveux, ses pieds sont fourchus et sa tête est parée d'un bois qui se renouvelle chaque année. La femelle du cerf s'appelle *biche* et le petit *faon*. Le mâle seul a la tête armée de cornes ou bois, ils poussent six mois après la naissance ; alors il se nomme un *hère*. Un an après, il est désigné sous le nom de *daguet;* lorsqu'il arrive à la troisième année, les bois offrent trois cornes nommées *andouillers*, elles indiquent que le faon est devenu *jeune cerf*. Enfin quand les bois présentent un plus grand nombre de ramifications, l'animal est appelé *dix cors* ou *vieux cerf*. La durée de son existence est de 35 à 40 ans. Il se nourrit de grains, d'herbes, de mousses, d'écorces, etc.; celui qui est exclusivement granivore devient plus grand et plus haut monté que les autres. Il ne boit guère en hiver ni au printemps, l'herbe chargée de rosée lui suffit; en été et dans le temps du rut, il va boire aux sources et aux ruisseaux. Ce quadrupède peut être réduit à la domesticité; les Américains et les Anglais, gens pratiques, élèvent des troupeaux de ces animaux qui reviennent le soir à l'étable. Le lait des biches sert à faire des fromages. La chair du cerf est sèche et peu agréable à manger à cause de son odeur forte ; elle ne convient qu'aux personnes robustes, à celles qui prennent beaucoup d'exercice, parce qu'elle est difficile à digérer. Celle du *faon* est tendre, savoureuse et de facile digestion, elle n'a pas besoin d'être faisandée comme celle du cerf; celle de la biche et du daguet est moins estimée. La peau des cerfs est utilisée dans les arts ; les bois servent dans la coutellerie et la tabletterie ; en médecine on les râpe et la poudre est administrée pour combattre la diarrhée.

## Daim (*Cervus dama*, Linné.)

Ce mammifère tient le milieu entre le cerf et le chevreuil; il est aussi rare que peu estimé en France, mais il n'en est pas de même chez nos voisins d'outre-Manche qui le multiplient autant que possible dans leurs parcs. Son pelage est fauve, le dos, les flancs et le dehors des cuisses sont d'un brun fauve tacheté de blanc pendant l'été et d'un brun foncé pendant l'hiver ; il y en a qui sont entièrement noirs. Le daim malgré sa ressemblance avec le cerf ne peut contracter alliance avec lui, la nature a établi entre eux une antipathie qui s'y oppose.

Nous en connaissons plusieurs espèces, celui d'Espagne est presque aussi grand que le cerf. Le daim se nourrit de bois, de glands et d'herbes ; son âge moyen est de 25 ans. Sa chair qui contient beaucoup d'osmazôme est très nutritive ; elle est même préférable à celle de certains animaux sauvages, mais elle a besoin d'être faisandée, elle est encore meilleure quand l'animal a été tué en exercice. Elle convient aux personnes phlegmatiques, les jeunes gens et les bilieux doivent s'en abstenir, parce qu'elle est très échauffante. La peau du daim est utilisée dans l'industrie, elle sert à faire des gants, des gilets, des culottes et à d'autres usages.

## Chevreuil (*Cervus capreolus*, Linné.)

Le chevreuil a quelque ressemblance avec le cerf, mais sa taille est plus petite ; il est élégant dans ses formes, ses yeux sont vifs et expressifs. On le trouve presque partout en France, il est très commun en Suisse, dans les Alpes et surtout dans les bois de l'Alsace et dans les forêts des environs de Paris. L'Allemagne et l'Autriche se partagent avec nos départements de Seine-et-Marne et de l'Oise les principaux arrivages de ce gibier, mais les meilleurs chevreuils nous viennent des Cévennes, des Ardennes, du Rouergue et du Morvan. En été, son pelage est doré ou roussâtre, plus grisâtre sur la tête et le devant du cou ; la queue est remplacée par un simple tubercule, et il existe sur les fesses une bande de couleur fauve.

En hiver, le pelage est fauve-brunâtre et la bande des fesses devient blanche. Le bout du museau est brun, l'extrémité de la lèvre inférieure et la tache du bout de la lèvre supérieure sont de couleur blanche. Le chevreuil vit douze à quinze ans, la femelle se nomme *chevrette*, les petits âgés de six mois s'appellent *chevrotins*. A la fin de la première année, on les nomme *daguets* ou brocards, et quand ils sont pourvus de quatre ou cinq andouillers, ils sont devenus *dix cors*. La chair de cet animal est excellente, délicate et nourrissante, elle tient le ventre libre et se digère avec facilité. Pour être bon, le chevreuil doit être âgé de dix mois à deux ans, sa saveur dépend aussi de la localité qu'il habite, on la croit meilleure dans les individus dont le pelage est brun ; les plus renommés sont ceux qui se nourrissent d'olives et de fruits sauvages. La chair des vieux dix cors est dure, coriace et de mauvais goût ; il est nécessaire de la faire mariner.

## Chamois.

Joli quadrupède ruminant, du genre des chèvres, plus grand cependant. Il ressemble au cerf quant à la forme de son corps ; le mâle ainsi que la femelle ont deux petites cornes sur la tête, leurs jambes sont longues, leur poil est court. Selon Buffon, le chamois est la tige femelle de l'espèce des chèvres ; on ne le trouve que sur les montagnes les plus élevées. Il y en a deux espèces : la plus petite ne quitte jamais les montagnes, où elle se nourrit de plantes aromatiques. La chair des jeunes chamois est excellente, en hiver surtout, elle est de facile digestion.

## Bouquetin.

Cet animal a beaucoup d'analogie avec le bouc domestique, et quand il est en rut il répand, comme ce dernier, une odeur forte et fétide. Il devient rare de nos jours et ne se rencontre plus guère que dans quelques endroits isolés des Alpes et des Pyrénées. Sa nourriture se compose d'herbes, de bourgeons et de feuilles d'arbres; il est susceptible de domestication et produit des métis par son alliance avec la chèvre.

La chair du bouquetin âgé est généralement dure, difficile à digérer et exhale une odeur qui le fait rejeter par les uns et rechercher par les autres, c'est affaire de goût. Celle des sujets jeunes est tendre, agréable, très sapide et analogue quant à ses usages bromatologiques à celle de la chèvre.

Nous devons ajouter que nous voyons un nombre très restreint de ces animaux sur le marché parisien.

## Sanglier (*Aper.*)

Le sanglier est le type sauvage de notre cochon domestique, mais il est beaucoup plus petit que lui, sa hure est plus longue, ses défenses plus grandes, ses oreilles plus courtes, rondes, noires et inclinées; ses poils plus rudes ont une couleur noirâtre ou tirant sur le rouge sombre. On donne différents noms au sanglier, suivant son âge: jusqu'à six mois on l'appelle *marcassin*, à cet âge il se nomme *bête rousse*; à un an on lui donne le nom de *bête de compagnie*, à deux ans celui de *ragot ;* à trois, *sanglier ;* à quatre ans, *quartenier ;* plus tard c'est le *vieux sanglier*, le *vieil ermite*, le *solitaire*. On trouve communément ce quadrupède sauvage dans les forêts les plus épaisses, il aime les fonds humides et marécageux dont il ne sort guère que la nuit pour chercher sa nourriture.

Il fait quelquefois des dégâts considérables dans les champs cultivés.

Sa chair est très estimée, elle est ferme, tendre et meilleure que celle de porc parce que cet animal vit en plaine et prend beaucoup d'exercice. Celle qui provient de jeunes sujets est recherchée parce qu'elle est excellente et fort délicate ; mais il faut en manger avec la plus grande modération, car elle n'est pas facile à digérer. Tout est utilisé dans le sanglier : les soies servent à faire des brosses ; ses défenses, de la tabletterie ; sa peau, des cribles ; enfin sa viande sert à l'alimentation.

Pendant tout le temps que la chasse du sanglier est autorisée, il nous en arrive en quantité provenant non seulement des grandes chasses des environs de Paris et de plusieurs localités françaises, mais encore des pays étrangers. Nous en voyons même souvent qui sont vivants, ce sont des sangliers qui ont été pris jeunes et qui ont été nourris comme leurs congénères domestiques. Leur chair a moins de qualité que celle des animaux tués à l'état sauvage.

## Ours.

L'usage qu'on fait de la chair des animaux varie selon les peuples et les circonstances. En temps de siège par exemple, certaines espèces comme l'ours, le renard, l'hippopotame, le chat et d'autres encore seront regardées comme très précieuses, tandis qu'elles seront presque délaissées en toute autre occasion. Enfin, dans certains pays on s'en fait un régal pendant que dans d'autres on les rejette complètement de l'alimentation. Les Chinois et les Allemands recherchent beaucoup la chair des ours ; on prétend que dans cette dernière contrée les pieds de devant des sujets jeunes font les délices des gens riches. En France, nous la dédaignons.

Cependant nous voyons tous les ans quelques-uns de ces animaux au pavillon de la Vallée, qui proviennent le plus souvent d'une ménagerie quelconque. Quelques gros marchands de comestibles en reçoivent même directement du Canada et de Transylvanie ; ainsi la maison Chevet a en tout temps des jambons d'ours expédiés de ces pays. La chair des animaux âgés est de fort mauvais goût, leur graisse est utilisée comme cosmétique et pour la guérison des douleurs rhumatismales. Quant à leur peau, elle est recherchée pour les manchons, les tapis et même les vêtements.

Nous connaissons plusieurs espèces d'ours : celui que nous voyons le plus souvent se rencontre encore dans quelques-unes de nos montagnes, surtout dans les Pyrénées ; son pelage est roux-brun, ses pieds sont noirs. Nous avons encore l'ours noir d'Europe, le gris des États-Unis, et l'ours blanc qui habite les régions polaires.

## Hippopotame.

Ce mammifère, le plus grand amphibie que l'on connaisse, est rare sur le marché de Paris ; cependant nous en voyons quelques spécimens à l'étalage de certains restaurateurs. Ils nous sont expédiés du centre et du midi de l'Afrique où, paraît-il, ils sont assez communs. Leur peau est d'un brun noir presque entièrement privée de poils sauf à la queue ; leur chair a une grande analogie avec celle du cheval, la graisse qui l'accompagne est de couleur jaunâtre, les fibres qui composent le tissu musculaire sont longues et serrées. Nous trouvons que le goût de cette chair est plus fin que celle du cheval, son odeur et sa saveur tiennent un peu du sauvageon. Nous savons que les dents de cet animal fournissent un bel ivoire servant à de nombreux usages, notamment à la fabrication des dents artificielles.

Nous ajouterons pour terminer que les anciens ont avancé que c'est l'hippopotame qui a donné lieu à la saignée; il paraîtrait en effet que lorsqu'il se trouve incommodé, il se pique contre un roseau ou s'écorche contre la saillie d'un rocher.

## Renard (*Canis vulpes*, Linné.)

Cet animal qui appartient au genre chien nous arrive en petit nombre malheureusement, car il fait la désolation des basses-cours et surtout celle du chasseur par la quantité de gibier qu'il détruit. Il pullule dans nos bois, se tient pendant le jour dans des terriers qu'il sait se creuser au milieu des fourrés les plus épais et dans les grandes herbes ; la nuit venue, il se met à chasser lièvres, lapins, perdrix, faisans et même jeunes chevreuils ; en un mot c'est un braconnier terrible. Quand il tombe dans une basse-cour, il la ravage en tuant tout ce qu'il peut et en emportant ses victimes qu'il cache dans son terrier ou dans les buissons jusqu'à ce que le jour l'invite à songer à sa sûreté personnelle.

Il y a deux sortes de renards : le renard de couleur noire dit le *charbonnier* et le renard d'un *beau fauve*. Ce dernier est un peu moins fort que l'autre. Ce carnassier vit de treize à quatorze ans, acquiert à dix-huit mois toute sa croissance et engendre dès la première année. La femelle entre en rut au mois de février, porte neuf semaines et met bas trois ou six renardeaux. La viande du renard, que nous savons rarement consommée, est coriace et nauséabonde : la fourrure seule est très prisée surtout en hiver.

Nous ne croyons pas qu'on puisse confondre le renard avec tout autre animal, car sa queue longue et touffue, son museau pointu et l'odeur fétide qu'il exhale sont des caractères qui empêchent toute erreur possible.

Quoique sa chair ait une odeur puante, il y a cependant des personnes qui la mangent à certaines époques, comme à la fin de l'automne quand il s'est nourri de raisins. On assure qu'en l'exposant à la gelée pendant quelques jours, elle devient de bonne qualité.

## Chat (*Felis.*)

Nous ne décrirons pas cet animal qui entre dans l'alimentation ordinaire de plusieurs contrées de l'Inde. Les Suisses regardent sa chair comme aussi bonne que celle du lapin, ils préfèrent même le jeune chat sauvage bien gras au lièvre de leur pays. A Paris il est assez difficile de se procurer l'espèce sauvage : il n'en est plus de même du chat domestique que certains restaurateurs font beaucoup manger en gibelotte qui est servie pour celle du lapin. Cette substitution n'offre aucun danger au point de vue de l'hygiène, mais nous trouvons que la fraude est par trop grossière.

M. Villain nous a communiqué les différences ostéologiques caractérisant les deux espèces, dont M. A. Goubaux, le savant anatomiste d'Alfort, a le premier donné la description exacte.

Le scapulum du chat est arrondi par suite de la continuité du bord supérieur avec le bord antérieur.

Celui du lapin est triangulaire ; son acromion ou épine de l'omoplate se fait remarquer par son développement en longueur et sa grande flexibilité.

L'humérus du chat est pourvu d'un trou vasculaire à son extrémité inférieure ; celui du lapin en est totalement privé.

Le fémur du chat est droit et court; au contraire celui du lapin est long et incurvé.

Enfin le tibia et le péroné du chat sont bien distincts l'un de l'autre, tandis que chez le lapin ils sont intimement soudés ensemble.

Nous ne dirons rien des caractères anatomiques

existant dans la tête et les extrémités des membres antérieurs et postérieurs de ces animaux, parce qu'on fait toujours grâce de servir ces parties au consommateur.

D'autre part, on a grand soin de masquer l'odeur *sui generis* propre à la viande du chat en la relevant fortement par des épices.

## Ecureuil (*Sciurius.*)

L'écureuil, que nous pourrions appeler le singe de nos bois, a une forme gracieuse et légère, sa queue est longue et touffue, ses oreilles petites, droites et se terminant par des touffes de poils très soyeux. Il vit dans les bois de hauteur, sur les chênes et sur les sapins auxquels il cause un grand préjudice en mangeant leurs jeunes bourgeons. Il détruit aussi les œufs et les couvées des petits oiseaux, c'est donc à juste titre qu'on lui fait la chasse. Il y en a plusieurs espèces : celui que nous voyons presque uniquement en vente est l'écureil commun (*sciurius vulgaris*) à peau d'un roux vif sur le dos et blanc sous le ventre. Dans le Nord, il prend une couleur gris-cendré qui constitue le petit-gris, nuance très recherchée dans le commerce de la fourrure. Sa chair est assez bonne, quoiqu'elle ait une odeur de musc bien prononcée.

## Lièvre (*Lepus.*)

Ce rongeur a la tête oblongue, le museau gros et la lèvre supérieure fendue jusqu'aux narines ; les côtés de sa bouche sont garnis de longues moustaches, ses yeux sont grands, ovales et saillants, et ses oreilles atteignent une longueur démesurée, elles sont très mobiles et propres pour entendre le moindre bruit. Sa mâchoire supérieure est garnie de quatre dents incisives dont deux sont en devant longues et cannelées, ayant en petit beaucoup de ressemblance aux défenses du sanglier. Ses jambes de devant sont plus courtes que celles de derrière, sa queue est courte et brusquement relevée en arrière. Le lièvre de nos pays a une taille qui varie suivant les lieux de provenance, son poids ne dépasse guère 3 à 5 kilogrammes, ceux de plaine sont plus allongés que ceux de côteaux. En Allemagne, ils sont plus gros et atteignent jusqu'à 7 kilogrammes. On distingue plusieurs espèces sauvages.

1° Le lièvre variable (*Lepus variabilis*) ou lièvre des Alpes, ainsi nommé parce qu'il change de couleur avec les saisons. Son pelage est brun grisâtre en été, et en hiver il devient blanc excepté le bout des oreilles.

2° Le lièvre glacial ou des glaces (*lepus glacialis*)

dont la fourrure est blanche toute l'année ; sa taille est plus petite que celle du variable.

3° Le lièvre d'Irlande (*lepus Hibernicus*) est une espèce à part dout le pelage ne change pas.

4° Le lièvre de la Méditerranée (*lepus Mediterraneus*), qui n'est qu'une simple variété du lièvre ordinaire.

5° Le lièvre d'Égypte (*lepus Egyptiacus*), ou lièvre du désert, se distingue par sa taille très petite et ses oreilles plus longues que celles du lièvre commun. Son pelage parsemé de taches noires est presque entièrement fauve en dessus du corps, le dessous est blanchâtre avec le dessus de la queue noir.

6° Le lièvre d'Asie (*lepus asiaticus*) a la fourrure grise mêlée de brun et de jaune, ses oreilles sont bordées de noir à leur extrémité.

7° Le lièvre du Brésil (*lepus Brasiliensis*) a le pelage varié de roux et de noir, de blanc jaunâtre sous la tête, le cou et le ventre.

Nous connaissons encore plusieurs variétés que nous avons vues au Jardin d'Acclimatation et dont la description n'offrirait aucun intérêt.

Le mâle du lièvre s'appelle *bouquin*, la femelle *hase* et les petits *levrauts*.

A trois mois le levraut est dit *financier*, à six mois *trois-quarts*, à un an c'est un lièvre *fait*. La femelle se distingue du mâle par sa tête plus longue et plus étroite, ses oreilles qui sont très grandes et le poil de dessus l'échine qui est d'un gris tirant sur le noir. Elle porte sur le ventre dix à douze mamelons régulièrement espacés, ceux du mâle sont beaucoup plus petits et souvent à peine visibles.

La qualité d'un bon lièvre est d'être dodu, d'avoir les lombes larges et le train de derrière appelé râble, épais et bien étoffé. Le pelage de l'animal qui nous occupe est sujet à beaucoup de variations : celui du lièvre de plaine est d'un gris tirant sur le roux, le ventre et le dessous de la tête sont blancs, la queue est blanche en dessous et noire en dessus, le bout des oreilles est de couleur noire ; celui de montagne est d'une nuance plus sombre et présente plus de blanc sous le cou. Ceux qui se tiennent dans les terrains argileux sont presque jaunes, on les appelle lièvres blonds. La Bohême nous envoie le joli lièvre à pelage bleu. Le lièvre allemand, grand et efflanqué se reconnaît à sa fourrure terne, fortement marquée de larges taches noirâtres. Les duchés de Bade, de Bavière et de Wurtemberg nous envoient ce gibier en quantité prodigieuse ; il est si commun chez nos voisins d'outre-Rhin qu'ils en font l'objet d'une chasse spéciale. Quand ils veulent faire de fortes hécatombes de ces malheureux quadrupèdes, ils lâchent dans la forêt où ils pullulent hommes et chiens,

en grand nombre. Les lièvres pourchassés cherchant à sortir pour échapper à leurs ennemis
viennent s'abattre dans des fossés très larges et très
profonds qui entourent le bois où ils sont tués à
coups de bâtons par des hommes placés de distance
en distance. Ils sont aussi très abondants dans
certaines provinces de la Belgique, en Autriche et
en Hongrie ; ces derniers pays alimentent largement nos marchés.

La chair du lièvre est d'une couleur rouge brune
bien prononcée avant la cuisson, après elle devient
noire d'une odeur *sui generis* plus ou moins agréable suivant la provenance : elle est savoureuse,
nourrissante et riche en osmazôme. Celle du lièvre
français est plus fine et d'un goût plus délicat que
celle de l'allemand qui est longue, filandreuse et
peu sapide ; du reste la qualité qu'elle acquiert
dépend beaucoup de la nourriture de l'animal et
des lieux qu'il habite. Celui qui cantonne dans les
marais, dans les lieux humides, est mauvais, sa
chair est décolorée, blanchâtre et molle. Au contraire, elle est excellente quand il réside sur
des montagnes où certaines plantes aromatiques
comme le thym, le serpolet et d'autres herbes
odoriférantes croissent en abondance. C'est le cas
du lièvre d'Autriche ; celui d'Espagne est également très délicat, très friand, tout farci de thym

ou de basilique, il est moins gros que le nôtre.

Le lièvre d'Allemagne qui se nourrit principalement d'écorces comme celle de bouleau laisse beaucoup à désirer sous le rapport du goût et de la finesse. Celui qui habite le fond de nos bois est moins estimé que celui qui réside dans les champs et les vignes ; en un mot la chair de nos petits indigènes est une nourriture très appréciée par sa saveur et sa délicatesse.

Cet animal si recherché pour nos tables n'est pas du goût de tout le monde. Les Grecs et les Romains en faisaient grand cas, témoin ce vers de Martial :

Inter quadrupedes gloria prima Lepus.

Les Israélites s'en abstiennent pour se conformer aux prescriptions de Moïse qui en interdit l'usage. Ce législateur croyait que cet animal avait le pied fourchu et qu'il ruminait. Mahomet a fait la même défense à ses croyants, et nous savons que les Orientaux exécutent ponctuellement les ordres du grand prophète. Quant à ceux qui le recherchent comme aliment, nous leur conseillons de les choisir toujours assez jeunes, tendres et bien nourris : trop jeunes, ils peuvent incommoder par leur viscosité ; trop vieux, ils sont de difficile digestion et rendent les personnes qui en font usage lourdes et assoupies. Cette chair excellente, quoiqu'elle ne soit jamais grasse, convient aux jeunes gens sanguins et aux individus gras; mais les lymphatiques et les mélancoliques feront bien de s'en abstenir ou d'en faire un usage très modéré.

## Lapin de garenne (*Lepus cuniculus.*)

Le lapin sauvage ou de garenne est un quadrupède rongeur originaire d'Afrique, il se distingue de son congénère domestique par sa taille généralement plus petite, il dépasse rarement le poids d'un kilogramme ; sa tête est courte et presque ronde, ses oreilles moins longues et son rein plus court que le privé. Sa fourrure est grise légèrement roussâtre, son poil est d'un gris moins fauve que celui du lièvre, sa taille est également plus petite que celle de ce dernier. Il y en avait autrefois une si grande quantité dans les îles Baléares qu'ils mangeaient le blé au point de le faire renchérir. Dans les îles Lipari, ils détruisaient toutes les récoltes, les habitants ne pouvaient s'en délivrer qu'en leur faisant une guerre acharnée avec une armée de chats. Ce fut un Espagnol qui le premier fit paraître sur sa table la chair de cet animal.

On distingue les lapins de *garenne forcée* et

ceux de *garenne ouverte ;* les uns et les autres sont vendus au même titre sur nos marchés ; ils ne sont jamais dépouillés de leur peau. La chair des garennes est très recherchée à cause de sa délicatesse ; elle est noire, savoureuse, plus parfumée que celle du lapin domestique, son fumet rappelle celui du lièvre. Celle des lapins de garenne forcée est inférieure à celle des lapins de garenne ouverte parce que les premiers ne se familiarisent jamais avec la privation de liberté. Cet esprit d'indépendance est encore bien prononcé chez les garennes que l'on met en cage et ils ne cessent de faire autour de leur prison des bonds prodigieux, cherchant toujours une issue pour s'échapper. Il est facile de comprendre que dans ces conditions la nourriture leur profite peu et que leur chair perd de son fumet et de ses qualités.

Le *lapereau* est très estimé, l'*hase* ou femelle du lapin l'est moins. Il est impossible de confondre le garenne avec le lapin privé.

# CHAPITRE III



## Le Faisan (*Phasianus.*)

Cet oiseau originaire de l'Asie occidentale appartient au genre des gallinacés ; il fut transporté par les Argonautes dans la Grèce et de là dans nos climats. Martial dit à ce sujet :

> Argivâ primùm sum transportata carinâ ;
> Ante mihi notum nil, nisi Phasis erat.

Son nom lui vient du Phase, fleuve de la Colchide où il est très commun. Sa grosseur est celle d'un coq ordinaire ; sa taille varie de $0^m,70$ à 1 mètre. Le mâle a le plumage d'un marron pourpre admirable, la tête d'un vert doré et la queue grise à pennes inégales en longueur. Son naturel est farouche et sauvage, on est cependant parvenu à l'élever en domesticité dans des établissements spéciaux appelés faisanderies. La femelle s'appelle poule faisane ; elle est plus petite et a le plumage moins brillant. On en connaît plusieurs variétés qui ne diffèrent que par le plumage, on en a vu de parfaitement blancs. Les faisans qui sont expédiés à Paris proviennent en grande partie des forêts de la Touraine et de la Corse, des départements de l'Oise, de Seine-et-Oise et de Seine-et-Marne. Les Anglais l'élèvent sur le même pied que les poules; leur chair a du reste une grande ressemblance avec celle de ces dernières. Pétrarque regardait l'usage de ce gallinacé comme un raffinement de gourmandise. Charles VII l'estimait beaucoup; de nos jours encore il est très employé comme aliment. Un arrêt du mois de février 1861 a décidé que le faisan élevé dans une faisanderie ne doit pas être considéré comme gibier et que par conséquent le transport et la vente de ce volatile peuvent avoir lieu en tout temps.

La chair du faisan est brune, très riche en osmazôme, nutritive et savoureuse. Lorsqu'il est jeune et tendre, elle possède un goût délicat et sa digestion en est facile; dans ce cas, on la recommande aux personnes épuisées, aux convalescents et aux malades qui y trouvent un élément réparateur. Plus âgé, il faut laisser faisander la chair pour qu'elle acquière une saveur agréable et sapide; dans ces conditions, elle ne peut convenir qu'aux estomacs solides.

## Coq de bruyère ou grand tetras
### (*Tetras urogallus.*)

Le coq de bruyère, vulgairement appelé *coq de bois, de marais, faisan sauvage*, est le plus grand des gallinacés ; son poids varie entre 5 et 6 kilogrammes. Il porte sur les deux yeux une plaque nue de couleur rouge vif, l'iris des yeux a la teinte noisette ; le bec est grisâtre et les jambes dépourvues d'éperons sont recouvertes de plumes jusqu'à l'origine des doigts. Son plumage est nuancé de gris ardoisé, de vert et de noir ; queue noire tachée de blanc à son extrémité. La femelle plus petite a le bec noir et le plumage de couleur plus foncée que celui du mâle. Les coqs de bruyère habitent surtout les localités montagneuses de l'Auvergne, du Dauphiné, des Ardennes, des Vosges et des Pyrénées ; nos marchés sont principalement approvisionnés par la Russie qui nous les envoie en assez grand nombre. Leur chair est très estimée, elle est supérieure à celle de la perdrix ; sa couleur est noire, elle a un petit goût de sapin ou de genièvre qui la rend tonique.

## Petit coq de bruyère ou petit tetras
### (*tetras tetria.*)

Plus petit que le précédent, il a la forme du paon quoique plus gros que lui. Son plumage vu de loin paraît être noir, de près on distingue quelques reflets violets et quelques taches blanches ; la membrane rouge du dessus des yeux affecte la forme d'un croissant, et plusieurs plumes de la queue se contournent en dehors ce qui la rend fourchue. Nous sommes aussi tributaires de la Russie pour ce gibier dont la chair est excellente. Sa couleur est la même que celle du précédent, et elle possède une saveur résineuse identique.


## Gélinote (*tetras bonasia*, Latham.)

La gélinote ou poule de bois se trouve dans les Alpes, les Pyrénées, en Auvergne et dans le Dauphiné ; elle est plus petite que le faisan. C'est une espèce de métis entre la perdrix rouge et la perdrix grise dont elle a la taille et les pieds. Elle a les jambes garnies de plumes effilées et grisâtres, les plumes du ventre et de l'estomac sont noires avec des taches blanches, celles du dos sont rousses noirâtres. Le mâle se distingue de la femelle par son bec qui est noir, par une tache noire très marquée sous la gorge, tandis que celle de la femelle est grisâtre et son arcade sourcillière d'un rouge vif.

On a essayé, mais inutilement, de soumettre cet oiseau à la demi-domesticité, comme le faisan. Dans le Midi, on donne le nom de *Ganga* à une espèce de gélinote qui se tient au milieu des plaines. La chair de l'une et de l'autre est fine et savoureuse, et c'est parce qu'elle est jugée digne de figurer sur la table des empereurs, que les Hongrois lui ont décerné le nom d'oiseau de César.

## Outarde (*Otis tarda*, Linné.)

C'est le plus grand gibier ailé connu ; il devient malheureusement de plus en plus rare, il habite de préférence les climats tempérés. En France, on le rencontre dans la Champagne, la Picardie, la Lorraine, le Berry et dans les plaines unies et sèches ; il nous en arrive plusieurs d'Espagne, d'Italie et d'Allemagne.

Le mâle a 1ᵐ,15 environ de longueur et pèse de 8 à 16 kilogrammes ; c'est donc réellement un oiseau gigantesque, et nous comprenons que sa chasse soit l'ambition et le rêve des disciples de saint Hubert. Le plumage de l'outarde est jaune vif sur le dos et traversé de nombreuses raies noires; le reste du corps est grisâtre, ses ailes sont courtes et peu propres au vol. Le mâle a la tête sillonnée d'une bande foncée, l'iris de l'œil est orangé. De chaque côté des oreilles, il porte deux longues plumes qui lui ont fait donner le nom d'outarde barbue, elles font défaut chez la femelle. Celle-ci se distingue encore par la couleur de son plumage qui est moins vive et surtout par sa taille d'un tiers moins forte que celle du mâle. D'après Suétone, Caligula faisait tant de cas de la chair de cet oiseau, qu'il voulait qu'on l'offrît en sacrifice dans son temple. Les Indiens font des robes avec les plumes de l'outarde. Chez nous, elle est très recherchée, d'abord à cause de sa rareté, et ensuite eu égard à sa chair qui est ferme, de bon goût, et très nutritive; mais elle ne convient pas aux estomacs faibles et paresseux, parce qu'elle est de difficile digestion. Les jeunes outardes sont les plus estimées, les vieilles sont plus dures; les cuisses et la poitrine sont certainement les morceaux les plus délicats. Galien prétend que la chair de l'outarde tient le milieu entre celle de la grue et celle de l'oie.

M. Paul Lafourcade, qui a exercé la médecine vétérinaire dans le Loiret, prétend que cet oiseau n'a fait son apparition en Beauce que depuis une douzaine d'années, et aujourd'hui il commencerait seulement à s'acclimater dans cette partie de la France. De plus, notre jeune collègue a constaté sur les outardes victimes de son habileté cynégétique une distinction de nuance bien tranchée dans les chairs. Ainsi, celle des ailes serait de couleur noire prononcée, tandis que celle des cuisses aurait la teinte caractéristique du blanc de poulet. N'ayant pu contrôler l'exactitude de cette particularité, nous laissons à son auteur la responsabilité de ce qu'il nous avance.

## Canepetière (*Otis tetras*, Linné.)

La canepetière ne diffère de l'outarde que par sa grosseur qui est celle de la poule faisane. Elle est assez répandue en France et habite principalement le Berry et la Normandie ; elle est bien commune en Espagne et en Italie qui nous en expédient chaque année à l'automne. C'est un joli oiseau ayant une tête charmante qui tient de la perdrix ; son bec et ses pieds sont gris et l'iris de ses yeux est orange. Le plumage du mâle a la teinte grise de la caille, les plumes de la poitrine sont blanches, quelques-unes d'un noir pur l'entourent d'un étroit collier, le cou est entièrement noir et les plumes qui garnissent le derrière de la tête sont brunes.

La femelle se distingue du mâle par le plumage
de la tête et du cou qui est roussâtre mêlé de noir,
la penne de l'aile est rayée de noir. La chair de la
canepetière a la même saveur que celle de l'outarde,
mais elle est encore plus noire, ce qui n'empêche
nullement d'avoir une extrême délicatesse. On doit
la manger un peu faisandée.

## Cigogne.

La cigogne blanche (*Ardea ciconia*, Linné), la
plus connue, habite beaucoup de villages du nord
de la France, en Alsace et en Flandre où elle est
regardée comme un oiseau privilégié. En Égypte,
on a encore pour elle une grande vénération, parce qu'elle se nourrit de reptiles venimeux. Elle
atteint jusqu'à 1$^m$,20 de longueur ; son pelage est
blanc, ses ailes noires, le bec et les pattes sont
rouges.

La cigogne noire (*Ardea nigra*), plus rare, se
distingue par sa taille plus petite et par son plumage
entièrement noir.

## Grue (*Ardea grus*, Latham.)

La grue est certainement un des plus gros oiseaux de l'Europe ; c'est à l'automne qu'elle est de

passage en France. Elle peut dépasser en hauteur
1$^m$,50; son bec, d'une longueur de 0$^m$,10 environ,
est droit, pointu et de couleur noir-verdâtre. Son
plumage, cendré clair, devient plus foncé à mesure que l'oiseau vieillit; la femelle se distingue
du mâle en ce qu'elle n'a pas la tête rouge comme
lui. La grue tient à la fois du héron, de la cigogne
et de l'outarde. Un auteur latin, Varron, dit que
les Romains estimaient beaucoup sa chair. Nous
avouons n'avoir pas encore eu l'occasion de vérifier sa qualité, car cet oiseau est très rare sur le
marché de la capitale.

## Héron (*Ardea major*, Latham).

Le héron au long cou du bon La Fontaine a le
plumage cendré-bleuâtre avec une aigrette noire à
l'occiput; il est bien peu connu des marchands de
gibier de Paris, nous en voyons chaque année de
rares échantillons. Dans la haute vénerie, sa chair
était considérée comme viande royale, on en fait
encore aujourd'hui d'excellents pâtés. Cet aliment
fut défendu aux Juifs comme immonde; la chair
des jeunes hérons est cependant excellente, celle
des vieux est fibreuse, dure et coriace.

Nous citerons pour mémoire quatre variétés :

1° L'aigrette ou garzette (*ardea garzetta*), dont

7

les plumes, entièrement blanches, servent à faire les charmantes parures connues sous le nom d'aigrettes ;

2° Le héron pourpré (*ardea purpurea*), dont la longueur totale est près d'un mètre ;

3° Le blongios (*ardea minuta*), dont le pelage est mélangé de blanc et de gris ;

4° Enfin le bichoreau ou corbeau de nuit (*ardea nycticorax*), remarquable par ses deux plumes formant une aigrette qui lui pend sur le dos jusqu'à la naissance de la queue.

## Cygne sauvage (*Anas cygnus*).

Le cygne sauvage diffère du domestique par sa taille un peu plus petite et par la nuance de son bec qui manque de caroncule.

Nous nous sommes étendu assez longuement sur la description de cet oiseau au chapitre de la *Volaille*. Au demeurant, gibier fort rare et peu estimé.

## Caille (*Perdrix cothurnix*, Latham).

Plusieurs auteurs prétendent que cet oiseau a pris son nom de la couleur des écailles de certains poissons ; d'autres admettent qu'il le doit à son chant qui semble en prononcer la première syllabe. Quoi qu'il en soit, la caille a sa page dans les annales de l'antiquité. Solon forçait la jeunesse d'assister aux combats que les cailles se livrent entre elles pour qu'ils pussent constater l'acharnement avec lequel ces oiseaux combattent leurs ennemis. Les dames romaines conservaient près de leur lit une caille, dans la persuasion de se procurer de jolis rêves. Ce qui prouve la grande vénération des Romains pour elle, est la conduite d'Auguste qui fit mourir un préfet d'Égypte pour en avoir fait servir sur sa table une qui s'était rendue célèbre dans les combats.

C'est de l'ardeur dont les mâles font preuve qu'est né le proverbe : Chaud comme une caille. Plutarque dit qu'Alcibiade en portait une sous son manteau, étant comme elle porté à la volupté. Toutes ces coutumes ont disparu avec le temps, et la caille est devenue un vulgaire gibier. Cependant Charles X avait fait paraître une ordonnance qui défendait de les tuer sur le littoral de la Méditerranée au moment où elles arrivent en France.

La caille est un oiseau de passage qui nous quitte à l'automne et ne revient dans nos climats qu'au printemps. Elle ressemble à la perdrix grise par sa forme et son plumage, mais en diffère par sa taille qui est de beaucoup plus petite. La tête du mâle est mélangée de noir et de roux, la gorge, de couleur roussâtre, porte deux bandelettes de même nuance : les épaules, le dos et le cou sont un agréable mélange de noir, de gris, de roux et de jaune. La femelle présente à la poitrine et à la gorge des taches blanches et noires bien uniformes. La caille n'a pas, comme la perdrix, une place sans plumes derrière les yeux, et l'iris de ces derniers est jaunâtre. Tous les ans, elle vient des côtes d'Afrique passer en Europe six mois de la belle saison. Les plaines d'Ervan, en Perse, en fourmillent ; l'île de Caprée, à l'entrée du golfe de Naples, se couvre de ces oiseaux au mois de septembre ; l'évêque de l'île en tire grands profits, ce qui l'a fait appeler l'*évêque des cailles*. A Paris, elles paraissent sur nos marchés pendant toute l'année. Leur chair est extrêmement tendre et savoureuse, mais d'un parfum très fugace. A partir du mois de juillet, elle se charge d'une épaisse couche de graisse qui lui donne un goût très fin, c'est pour cette raison qu'on l'appelle le gibier des dames.

A cause de sa graisse qui en rend la digestion plus difficile, elle ne convient pas toujours aux malades et aux personnes dont l'estomac est délicat ou paresseux. Nous devons comprendre que cette chair est susceptible de s'avarier très vite et qu'elle demande à être mangée le plus frais possible ; en effet, dans l'espace de quelques heures par une

température chaude, elle peut devenir trop avancée. Donc, si nous nous apercevons que la caille
n'est pas dodue, que sa graisse n'a pas ce reflet
doré que nous connaissons, que les cuisses sont
sanguinolentes et que le ventre, de couleur bleuâtre, exhale une odeur même légère de décomposition, il est prudent de s'abstenir de ce triste
gibier. Les anciens faisaient grand cas de la chair
de la caille ; cependant, Pline en défendait l'usage
parce qu'il croyait que certaines plantes vénéneuses, comme les graines d'ellébore, servaient de
nourriture à cet oiseau, et qu'il était sujet à l'épi-
lepsie. Galien prétend que ceux qui mangent sa
chair sont affectés de mouvements épileptiformes.
Ce préjugé est sans fondement, comme nous le
voyons dans les deux vers suivants :

> In pretio sum nunc, olim damnata coturnix.
> Vox nomen, pretium dat sapor ipse mihi.

Ce gibier nous vient surtout des pays méridionaux limitrophes de la mer, tels que la Provence,
l'Italie et la Grèce. L'Amérique et notamment Chi-
cago nous en expédient en parfait état de conservation.

### Râle des genêts (*Rallus crex*, Linné).

Cet oiseau encore appelé roi de cailles est essentiellement de passage en France, il habite surtout la Hollande où on le trouve en grande quantité. Un peu plus gros que la caille, moins gros que la perdrix, il mesure environ 25 à 30 centimètres de longueur. Son bec plus court que sa tête est brun rougeâtre en dessus et blanchâtre en dessous, l'iris de l'œil est de couleur noisette, son plumage est d'un brun roux à reflets brillants, le dos est sillonné de raies noires et le ventre présente des taches blanc-roussâtre. La femelle, un peu plus petite, a des couleurs moins vives.

Chair exquise qui peùt être placée au même rang que celle des cailles et des perdrix ; son goût est excellent parce que l'oiseau se nourrit de semences de genêt ; elle a l'inconvénient de se corrompre très promptement. Elle est de facile digestion, et pourvu qu'elle ne soit pas trop grasse, elle convient parfaitement aux convalescents ; les jeunes ne sont pas aussi gras que les vieux. Pour les estomacs à toute épreuve, un roi de cailles bien gras et qui n'a pas *attendu* est un mets délicat.

## Perdrix.

La perdrix est sans contredit le gibier à plumes le plus commun en France, il est bien fâcheux qu'il diminue chez nous dans des proportions inquiétantes. Tout le monde connaît la saveur de sa chair, qui nous procure un manger délicieux.

La chair de la perdrix jeune est légèrement excitante, tendre, savoureuse et facilement digestible, celle des vieilles a besoin d'une cuisson prolongée. Seule, entre tous les gibiers de poil et de plume, la perdrix est moins exposée à l'humiliation de rencontrer des estomacs blasés ou indifférents, sous quelque préparation qu'on la produise sur nos tables, elle plaît et on ne s'en fatigue pas. Du reste, elle est très estimée au point de vue alimentaire pour relever les forces des convalescents ; sa chair facile à digérer a un fumet agréable qu'il n'est pas nécessaire de développer par le faisandage. La chair du mâle vaut mieux que celle de la femelle, mais elle perd de son fumet quand on nourrit l'oiseau à l'état domestique. Elle a une grande tendance à la décomposition, cependant il est assez facile de la conserver, si après avoir vidé l'animal on le met à la cave ou dans un endroit frais.

On compte plusieurs sortes de perdrix :
La perdrix grise.
La perdrix rouge.
La perdrix grecque ou bartavelle.
La perdrix de passage ou roquette.
La perdrix de roche.

Nous allons passer en revue chacune de ces intéressantes variétés.

### Perdrix grise (*Perdrix cinerea*, Latham).

La perdrix grise est l'espèce la plus répandue ; nous la connaissons tous de vue et de goût ; on pense qu'elle nous vient d'Amérique. Son plumage est d'un gris cendré général ; les mâles se reconnaissent à l'éperon obtus qu'ils portent à chaque pied et à une tache foncée en forme de fer à cheval qu'ils présentent sur la poitrine. Avec l'âge la couleur grise des plumes se mélange de taches jaunes et rousses qui donnent au plumage l'aspect de mailles régulières ; on les appelle alors *maillés*. Un peu plus tard, le coin de l'œil se marque d'une tache rouge, on dit qu'ils ont poussé le *rouge*. Enfin, quand les plumes couleur de rouge en forme de fer à cheval garnissent la poitrine, ils sont perdrix et à *point* pour être servis sur la table des gourmets.

Ces différentes transformations ont donné naissance au proverbe :

> A la saint Jean, perdreaux volant,
> A la saint Rémy, perdreaux sont perdrix.

La dernière plume de l'aile est pointue chez les

perdreaux tandis qu'elle est arrondie chez les vieilles perdrix.

Les perdreaux se distinguent encore par leurs
pattes jaunes, cette nuance ne disparaît qu'après
leur seconde année. Enfin, les vieilles perdrix ont
les pattes noires et le dessous du pied brunâtre.

En résumé, gibier très apprécié du chasseur et du
consommateur, qui demande dans l'intérêt de l'un
et de l'autre plus de protection qu'on ne lui en ac-
corde. La perdrix grise, vu son abondance relative,
occupe une place importante dans l'art de la cuisine ; le perdreau convient aux malades et aux convalescents. Avec les vieilles perdrix, on procure
aux estomacs faibles un bouillon préférable à celui de poulet. La chair de la perdrix grise est un
peu colorée, d'un goût excellent, mais elle a besoin
d'être faisandée.

La Picardie et surtout la Bretagne expédient sur
Paris une grande quantité de perdreaux et de perdrix.

## Perdrix rouge

Cette belle espèce est répandue dans les pays
montagneux de l'Europe entière ; en France on la
rencontre quelquefois dans le Nord, mais surtout
dans le Midi et le Centre. Ses caractères sont bien
tranchés : plus grosse que la grise, elle a le bec,

l'iris des yeux et les pattes d'un beau rouge vif. La tête et le dos sont roux-verdâtre, le jabot est marqué de noir. La poitrine est gris bleuâtre, le ventre et les cuisses plus ou moins rouges ou jaunes avec des taches noires au flanc ; le collier est noir moucheté et s'étend sur une partie de la gorge. Le mâle se distingue de la femelle par un tubercule sur chaque patte, les jeunes de l'année se reconnaissent à la forme pointue de la première penne de l'aile dont l'extrémité est blanchâtre. Dans son ensemble, le plumage de la femelle est plus terne que celui du mâle.

La perdrix rouge, qui faisait les délices de nos pères, a disparu de bon nombre de départements et s'est réfugiée dans les montagnes. Celles que nous voyons l'hiver à Paris nous sont expédiées par l'Espagne.

Jeune et bien nourrie, la perdrix rouge constitue une nourriture délicate qui ne demande pas d'être relevée par les artifices de la cuisine. En France, nous la préférons à toutes les autres variétés ; en Angleterre, c'est tout le contraire, on aime mieux la grise. Cet aliment est très nourrissant, mais il ne convient ni aux mélancoliques, ni à ceux qui sont constipés.

## Bartavelle (*Perdrix saxatilis*, Meyer).

Cette espèce est appelée *grecque* parce qu'on la rencontre fréquemment en Grèce. Elle habite également l'Espagne, l'Italie et les versants méridionaux des Alpes. En France, on la trouve dans le Midi et au sud de la Loire.

Elle doit son nom de *bartavelle* au mot languedocien *bartaveau* qui veut dire babillard, parce qu'elle chante longtemps sans changer de ton. Avouons que dans l'espèce humaine il ne manque pas d'individus qui agissent de même en parlant et deviennent très fatigants pour leurs auditeurs. La bartavelle ressemble beaucoup à la perdrix rouge, toutefois elle est d'un volume presque double. Elle a le dessus de la tête et les côtés du cou de couleur cendrée, elle présente un cercle noir qui part du front, se continue au-dessus des yeux et descend sur le devant du col. La femelle, plus petite que le mâle, a le plumage gris cendré moins prononcé.

La chair de la bartavelle est blanche et fort estimée, elle possède une saveur résineuse légèrement amère qui en fait le mérite. M. de la Reynière dit que les bartavelles méritent un si profond respect, qu'on ne devrait les manger qu'à genoux.

## Bécasse (*Scolapax rusticola*, Latham).

En France, cet oiseau est exclusivement de passage. Il se tient dans les hautes montagnes des Alpes, dans les Pyrénées, en Suisse, en Savoie et en Auvergne; il a une prédilection marquée pour les lieux humides et touffus. La bécasse doit son nom à la conformation particulière de son bec noir, mince, uni et droit dont la longueur est de huit centimètres environ. Son plumage ordinaire est gris, quelquefois il est de couleur marron ou isabelle, l'iris des yeux est brun, le bec et les pieds sont de couleur chair. La femelle est un peu plus grosse que le mâle et son pelage est aussi plus terne. On en distingue plusieurs variétés qui à part le plumage diffèrent peu entre elles. C'est le gibier dont les chasseurs font le plus de cas. Les bécasses que nous mangeons sont tuées dans les pays limitrophes de la mer, telle que la Provence; l'Italie et la Grèce contribuent aussi à notre approvisionnement.

La chair de cet oiseau quoique noire est excellente, elle exhale une odeur de sauvage qui fait qu'elle n'est pas du goût de tout le monde. Elle ne convient ni aux mauvais estomacs, ni aux bilieux, ni aux mélancoliques, mais à ceux qui prennent beaucoup d'exercice. Elle est meilleure en automne, on dit de la bécasse que tout en est bon.

## Colombe.

Cette variété de pigeons est le type de la famille des Colombidés.

La chair de cet oiseau a beaucoup d'analogie avec celle du pigeon, elle est cependant plus délicate ; la chair des colombes sauvages est généralement dure et coriace.

Ce genre d'oiseaux renferme plusieurs espèces, nous allons mentionner les principales qui comprennent : le Ramier, le Bizet et la Tourterelle.

## Pigeon ramier.

Le pigeon ramier, ainsi appelé parce qu'il perche sur les arbres, est à peu près de la grosseur d'un pigeon de basse-cour ; il mesure environ cinquante centimètres de longueur totale, la femelle est plus petite que le mâle. Son plumage est gris cendré, la tête, la gorge et le croupion ont une teinte foncée bleuâtre ; la poitrine et le ventre sont plus clairs, les ailes et les côtés du cou sont bordés de blanc. L'iris des yeux est jaune pâle, le bec blanc et les pieds rouges sont garnis de plumes jusqu'à l'extrémité des doigts. Les jeunes ramiers n'ont pas les tons chatoyants à reflets verts et bleus des vieux. Cet oiseau est très sauvage et se mêle rarement avec le pigeon domestique. Il s'établit dans les forêts et niche sur les arbres les plus élevés ; nous connaissons tous les ramiers des Tuileries qui sont les hôtes de ce jardin depuis de longues générations, ils semblent avoir perdu leur caractère sauvage et viennent familièrement prendre le pain que les promeneurs leur jettent.

La chair du ramier a une bonne saveur, elle possède les qualités alimentaires du pigeon privé. Les anciens ont prétendu qu'elle diminuait la faculté prolifique, et nous nous rappelons Martial qui a dit à ce sujet :

> Inguina torquati tardant hebetantque palumbi.
> Non edat hanc volucrem qui cupit esse salax.

### Bizet (*Columba livia*, Latham).

Le bizet sauvage habite l'Europe, l'Asie, l'Afrique et même la Perse et l'Égypte ; il diffère du pigeon de colombier par sa taille un peu plus petite, sa coloration plus bise et son croupion qui est blanc. Ses ailes portent au côté externe deux bandes transversales noires, les pennes sont noirâtres et atteignent presque le bout de la queue, les plumes de son cou ont des reflets verdâtres, l'iris des yeux est rouge jaunâtre, le bec rouge pâle, les pieds sont rouges et les ongles noirs. Sa longueur totale est d'environ 0^m,34, et il mesure 0^m,70 d'envergure. Il ne perche pas et ne niche pas sur les arbres, mais dans les murs, les crevasses des rochers ou dans les bâtiments abandonnés. Nous ajouterons que le vrai bizet que nous venons de décrire est devenu rare chez nous : il habite de préférence les îles de la Méditerranée, le nord de l'Afrique et l'île de Ténériffe. Les quelques débris qui vivent en France à l'état libre sont constamment menacés de disparaître sous le bec du vautour ou le plomb du chasseur, quoiqu'ils soient très fins et fort difficiles à approcher. Leur chair est tendre et délicate quand ils sont jeunes, sèche et coriace quand ils sont devenus vieux.

## Tourterelle.

Ce gracieux oiseau qui remplit nos bois de ses roucoulements lents et plaintifs, habite également l'Afrique, l'Asie et le Nouveau Monde.

Dans les hiéroglyphes égyptiens, la tourterelle désignait le mortel amateur de la danse et du son de la flûte. Chez les Grecs, elle était consacrée à Vénus ; chez nous, elle est le symbole de la fidélité conjugale. En effet, le mâle une fois accouplé à une femelle ne la quitte plus. Quoi qu'il en soit, cet oiseau que nous connaissons tous se distingue des pigeons par une taille plus petite, son plumage est de couleur cendrée mêlée de blanc, le mâle porte un collier presque entièrement noir. L'iris de l'œil est jaunâtre, le bec d'un brun bleuâtre, les pieds sont rouges et les ongles sont noirs. La nourriture de ces animaux consiste en grains et en fruits; leur fécondité est très limitée.

La chair de la tourterelle a beaucoup d'analogie avec celle du pigeon, mais elle est moins sèche et de meilleur goût que celle du ramier.

Galien vante sa délicatesse quand le sujet est jeune et gras, Martial en fait mention dans le vers suivant:

Dum mihi pinguis erit turtur, lactuca valebis.

## Alouette (*Alauda*).

Cet oiseau qui fait le charme de nos campagnes par son chant gai comme le printemps dont il est le messager, a la grosseur du moineau ; à Paris on le désigne sous le nom de mauviette. Son chant fort agréable et surtout matinal était chez les Grecs le signal du laboureur. Son plumage est gris roussâtre ; son caractère principal est d'avoir un éperon de derrière très long, ce qui lui donne beaucoup de facilité pour marcher dans les terres labourées, la base du pied étant plus large. On distingue le mâle de la femelle par le plumage plus ou moins brun et par la longueur de l'ongle de derrière.

L'alouette n'est jolie qu'en liberté, c'est un des oiseaux d'Europe qui a le gosier le mieux organisé pour le chant. La femelle ne chante pas parce qu'étant destinée à garder sa couvée, son ramage pourrait attirer ses ennemis. Le mâle se fait entendre dans la belle saison, plus particulièrement le matin et le soir ; plus il s'élève dans les airs, plus il force sa voix pour être entendu. Au fur et à mesure qu'elles perdent leurs plumes, les alouettes prennent le nom de mauviettes. Leur chair est fine et de saveur exquise.

Nous avons plusieurs variétés :

La grosse alouette huppée (*alauda cristata*, Linné) ;

La petite alouette huppée (*alauda cristatella*, Buffon), bien connue sur nos marchés parce qu'elle est commune aux environs de Paris ;

La calandrelle (*alauda arenaria*, Temminck), qui habite la Champagne en grande quantité ;

La calandre ou grosse alouette (*alauda calandra*, Linné), très répandue dans tout le Midi ;

La coquillarde (*alauda undata*), qui habite

particulièrement le Languedoc et la Provence;

L'alouette des buissons (*alauda sepiaria*), encore appelée pipi; elle est très répandue dans toute la France;

La rousseline (*alauda mosellana*), commune dans l'Alsace et la Lorraine;

L'alouette des friches ou spirolette (*alauda campestris*), qui se trouve abondamment dans le Languedoc et la Provence;

L'alouette des prés ou farlouse (*alauda pratensis*), qui se tient de préférence dans les prairies.

Toutes ces espèces varient peu comme taille et plumage et encore moins comme qualité. La chair de l'alouette est brune, ferme, délicate et riche en osmazôme. Elle convient on ne peut mieux aux malades et aux convalescents, car on affirme qu'elle ne peut point donner d'indigestion. Les anciens prétendaient que cet aliment était un spécifique contre les coliques, mais Linné estime au contraire qu'il est nuisible aux personnes prédisposées aux coliques néphrétiques.


## Grive (*Turdus musicus*, Latham).

Cet oiseau du genre merle est bien connu en France; on le rencontre dans nos bois, dans nos vignes et dans nos haies du bocage.

Vers le milieu d'octobre, les grives paraissent sur nos marchés en énorme quantité, elles nous arrivent de tous les départements et surtout de l'étranger ; la vallée du Rhin et le grand-duché de Bade nous en approvisionnent abondamment. L'ensemble du plumage de cet oiseau est gris roussâtre, le bec est brun, les ailes, la queue et les pattes sont d'un gris brun, le reste du corps est semé de quelques taches roussâtres variées de points noirâtres plus ou moins nombreux. Ce gibier est excellent surtout en automne. Martial l'a célébré dans ses vers :

> Inter aves, turdus, si quis me judice certet.
> . . . . . . . . . . . . . . . .

Nous partageons l'opinion du poète car une brochette de grives est un mets fort délicat.

> . . . . . . Gustu volueris gratissima turdus.

Les chasseurs en font grand cas, et quand elle paraît sur la table, ils s'écrient :

> Quid melius turdo ?

Nous en conseillons l'usage même aux convalescents. On ne doit jamais vider cet oiseau. Le genre grive compte beaucoup d'espèces, mais après celle que nous venons de décrire trois surtout nous sont connues.

1° La draine ou jocasse (*turdus vescivorius*, Latham), la plus grosse de toutes, a le corps gris brun mêlé de roux et de jaune, le bec jaune à sa base et brun dans le reste, les pattes également jaunes et les ongles noirs.

Sa chair est inférieure à celle des autres grives, et lorsque l'oiseau s'est nourri de gui, de graines de houx, elle a un goût désagréable ainsi que sa graisse.

2° La litorne ou claque (*turdus pilaris*, Latham) moins grosse que la précédente, a le plumage presque semblable; cependant elle a les pieds et les ongles bruns.

3° Le mauvis ou grive rouge (*turdus iliacus*, Latham) diffère de la litorne par sa taille plus petite, par son plumage plus lustré et son bec plus noir. Le dessous de ses ailes est rouge-orange, c'est là sa plus grande distinction.

Plusieurs poètes latins ont fait avec raison l'éloge de la grive : quand elle est grasse elle est très estimée comme chair. Celle de la draine, nous l'avons dit, est un peu amère, cela tient au gui dont elle fait sa nourriture. Pour la même raison, la litorne a une légère odeur de genièvre; sa chair quoique bonne ne vaut pas celle de la grive commune; parfois même, elle possède une amertume qui la rend d'un goût tout à fait désagréable.

## De l'oie sauvage.

L'oie sauvage (*anser cinereus*) est plus petite que sa congénère privée, elle en diffère par son cou plus menu et sa taille plus légère ; son plumage est brun ou gris avec nuance fauve, le ventre est blanc et le dos rousseâtre. Les dix premières pennes de l'aile sont grises et terminées de noir, les onze suivantes sont d'un brun cendré, l'iris est toujours rougeâtre ; le bout du bec est jaune safran et noirâtre à son origine, enfin les cuisses et les jambes sont jaune orangé.

L'oie sauvage arrive dans nos climats deux fois l'an, une première fois à l'automne, c'est à ce moment qu'elle paraît sur nos marchés et une seconde fois au printemps, mais à cette époque, la chasse étant prohibée, les amateurs sont privés de ce gibier très recherché.

Cet oiseau est exposé en vente non plumé, pour être distingué de l'oie domestique.

Il est toujours maigre, sa chair très nourrissante est noire et possède un fumet bien prononcé ; elle est peu chargée de graisse et malgré cela elle est indigeste parce qu'elle renferme beaucoup d'osmazôme, du reste le peu de graisse qu'elle a ne contient pas les mêmes éléments chimiques que celle des autres oiseaux.

Admettons maintenant que l'animal ait été plumé, car son duvet se vend fort cher, ou que l'on veuille nous faire passer une oie domestique pour une sauvage, nous avons des indices qui nous mettront sur la voie de la vérité. La peau de l'oie privée offre à la vue et au toucher de nombreuses rugosités, elle est dure, épaisse et présente à la traction des doigts la résistance du cuir, enfin elle revêt une couleur blanc bleuâtre. Il est bon également de constater les blessures plus ou moins nombreuses qui ont déterminé la mort de l'oie sauvage, encore ne faut-il attacher à ces recherches qu'une importance secondaire, car il est facile de simuler artificiellement les traces causées par le plomb du chasseur.

La peau de cet animal sauvage présente un aspect brunâtre caractéristique, elle est mince, fine et se déchire avec une grande facilité ; le squelette bien développé donne au corps une forme plus allongée, dont le volume est peu consérable, car son poids ne dépasse jamais deux kilogrammes.

La masse des muscles placés sous le sternum servant de lest dans le mécanisme du vol est volumineuse. Ceux de l'avant-bras et du bras sont plus grêles que dans les oiseaux, ce sont eux qui sont chargés de déployer ou de reployer les ailes à volonté. La chair présente à la section une teinte rouge vif foncé qui devient noire par la cuisson, elle exhale alors un fumet rappelant d'une manière incontestable celui du gibier.

Nous sommes persuadé que sa principale qualité est sa rareté, car elle est toujours dure et manque de cette saveur exquise et de cette finesse de goût qui est l'apanage des gibiers qui font les délices des rabelaisiens.

## Du canard sauvage.

Le canard sauvage (*anas*) est le type de nos races domestiques. C'est un bel oiseau dont la longueur est ordinairement de soixante centimètres. Le mâle se reconnaît aux brillantes couleurs de ses plumes, sa queue bien retroussée porte une touffe qui décrit la forme d'un crochet, les quatre rectrices médianes sont d'un noir vert et frisées en dessus, les autres sont marquées de blanc à leur extrémité et sur le côté externe.

Sa tête et une partie du cou sont blancs, les devants et les côtés étant brun-pourpré ; le dos, les flancs et le ventre sont noir grisâtre, enfin le bec est vert jaunâtre et les pieds sont orangés avec des ongles noirs.

La femelle est grise comme une alouette ; sur les marchés, le canard sauvage est d'un prix plus élevé que celui de nos fermes, cela tient à sa rareté relative et à la qualité de sa chair. Elle est brune, douée d'une odeur forte et d'une grande saveur, mais elle est échauffante et indigeste, les malades et les convalescents doivent rigoureusement s'en abstenir. Chez les anciens le sang du canard sauvage avait la réputation de posséder des vertus médicinales puissantes et sa chair, celle de ranimer les couleurs du visage. Les Romains ne mangeaient que la tête et la poitrine.

> Tota mihi ponatur anas, sed pectore tantum
> Et cervice sapit, cœtera redde coquo.

Nous sommes moins difficiles de nos jours, et nous nous accommodons parfaitement d'une cuisse de ce palmipède.

Les caractères qui distinguent l'espèce sauvage de celle de nos basses-cours sont presque identiques à ceux que nous avons décrits pour les oies. Le canard sauvage a le corps très allongé et bien conformé pour le vol, sa chair d'un brun tirant sur le noir a une odeur très prononcée, sa saveur est fort délicate, mais de difficile digestion, et il faut être doté d'un estomac robuste pour ne pas en être incommodé; quand le sujet est vieux elle est dure et coriace dans toute l'acception du mot.

Après avoir parlé de l'espèce type, nous sommes

obligé de citer ses principales variétés qui toutes sont un gibier de haut goût et possédant des propriétés nutritives remarquables

*Le Pilet.* — Il est caractérisé par un bec long, étroit et de couleur bleuâtre. Son plumage de nuance grise présente des bandes blanches bordées de noir avec taches marron sur les ailes; sa queue se termine par deux filets étroits qui lui donnent une forme pointue. La femelle est plus petite que le mâle. Chair excellente.

*Macreuse.* — Il y en a de deux sortes : la macreuse noire dont le plumage possède cette couleur, et la double macreuse qui a un miroir blanc sur l'aile. Cette variété de canard se reconnaît à la largeur et au renflement du bec qui est gibbeux à la base. La femelle plus petite a aussi le plumage d'un noir moins brillant que le mâle. Les macreuses sont considérées comme un aliment maigre pouvant se manger en carême; nous avouons qu'un estomac délicat se trouvera parfaitement d'une macreuse bien apprêtée, à la sauce Robert par exemple.

*Garrot.* — Encore appelé canard aux yeux d'or à cause de l'iris des yeux qui a une belle nuance jaune d'or. Bec court et étroit vers l'avant; le dos, la queue et les grandes pennes des ailes sont de couleur noire et le reste est blanc.

*Eider*. — Ce canard est très recherché pour son duvet connu sous le nom d'édredon. Bec étroit en avant, allongé, à peau nue et à tubercule charnu sur le front qui est échancré par un angle de plumes. Plumage gris blanchâtre.

*Milouin*. — Son plumage est gris strié de noir.

*Morillon*. — Bel oiseau à la tête panachée, au bec bleu, aux yeux jaunes, au plumage blanc sous le ventre et les ailes et brun sur le reste du corps.

*Moreton*. — Encore appelé *oignard*, *vingeon*, ou *canard siffleur* à cause de son cri qui ressemble à un sifflement. Son bec est court, nuancé de bleu, et sa pointe est noire ; la tête et la partie supérieure du cou est rousse, le reste du corps est blanchâtre avec quelques taches noirâtres.

*Souchet*. — Ce canard a le bec long se terminant à son extrémité en forme de spatule. Plumage brillant varié de blanc, de brun, de gris, de roux et de vert.

Sa chair très délicate a une belle couleur rosée qu'elle conserve même après la cuisson ; cette particularité a fait donner au souchet le nom de rouge de rivière.

*Tadorne*. — Bec rouge pâle légèrement arrondi ; plumage éclatant bariolé de blanc, de noir, de roux, de jaune et de vert. Ses pieds sont roses, son duvet est aussi doux et aussi recherché que celui de l'eider.

*Bernache*. — Plumage noir agréablement varié par une blancheur moirée splendide.

*Halbrans*. — Les petits canards sauvages au dessous de six mois sont appelés *halbrans*; à cet âge, ils peuvent voler et se nomment *canardeaux*, quand ils ont atteint leur accroissement ordinaire, c'est le canard ou oiseau de rivière.

La chair des halbrans est encore plus tendre, plus délicate et plus facile à digérer que celle du canard, et pour ces raisons elle est très recherchée. Elle convient aux tempéraments lymphatiques, aux personnes sédentaires et à tous les estomacs affaiblis, pourvu qu'on n'en mange pas avec excès.

Les anciens et encore de nos jours les habitants des côtes de l'Écosse font naître les canards et les oies sauvages de certains coquillages appelés *anatifes*. Ce préjugé absurde est dû aux bandes innombrables d'oies et de canards de passage qui à certaines époques de l'année s'abattent dans plusieurs contrées. En France, ce gibier qui donne lieu à un beau coup de fusil, — la méfiance de ces oiseaux est légendaire, — traverse nos départements pendant l'hiver, depuis le mois d'octobre jusqu'à la fin de mars. La Hollande nous expédie tous les ans considérablement de canards sauvages et comme toujours la quantité produit le bon marché, ce dont nous sommes loin de nous plaindre.

En effet, un de nos amis, bien connu dans la Haute-Marne par ses exploits cynégétiques, M. Arbeltier, de Lecey, a constaté que la plupart des variétés de canards sauvages possèdent une saveur exquise et une odeur prononcée de venaison. Elles sont, dit-il, plus tendres, plus délicates que celles des canards domestiques. Les estomacs faibles doivent cependant s'en abstenir ou en user modérément, parce que leur chair est très échauffante; de plus elle est comme imbibée d'huile qui tend à rancir, ce qui la rend lourde et de difficile digestion (1).

## Sarcelle (*Anas querquedula*, Linné).

Espèce de canard dont la poitrine est d'un brun clair, marqué de noir; le ventre est blanc, les ailes grises sont terminées de blanc, les plumes sont longues et les pieds sont couleur de plomb. Cet oiseau visite nos climats en automne et au printemps, il se nourrit de plantes aquatiques et de graines. Outre plusieurs variétés, il y en a une

(1) Émile Arbeltier, *Lettre* du 22 septembre 1881.

dans la Louisiane dont la chair est fort délicate. Les principaux envois de sarcelles sont faits par le département de la Somme et surtout par la Hollande. La chair de ces oiseaux est classée parmi les aliments maigres, malgré cela elle a un goût très agréable, il est même regrettable que le prix qui en est toujours assez élevé ne la rende pas toujours accessible aux ménages de modeste ressource.

### Bécassine (*Scolopax gallinago*, Latham).

Beaucoup de personnes confondent la bécasse avec la bécassine; c'est bien à tort, car elle en diffère absolument par sa taille, de plus si la première est un oiseau de bois, la seconde est un oiseau de marais. La seule ressemblance qui existe entre elles se trouve dans le bec et les pattes. La bécassine commune arrive en France au printemps et habite les marais du Nord et de l'Ouest. Plus petite que la bécasse, son plumage est gris, varié de bandes brunes, blanches, etc. On compte trois espèces :

1° La *bécassine ordinaire*, dont nous venons de parler;

2° La *bécassine double* (*scolopax major*), très répandue en Picardie et en Provence, elle est

8.

moitié plus grosse que la commune, elle s'en distingue encore par son bec un peu plus long et par quelques nuances dans le plumage ;

3° La *petite bécassine* (*scolopax gallinula*), vulgairement appelée *bécot, sourde, boucriole*, est celle qui atteint la plus petite grosseur, elle ne se distingue de ses congénères par aucune autre différence.

La chair de cet oiseau a une saveur exquise. Nous donnerons une idée de sa qualité en disant qu'elle est plus délicate que celle de la bécasse. C'est après les premières gelées que la bécassine est dodue comme la caille et que sa graisse possède tout son mérite. Ce gibier est de facile digestion ; mais, comme il est échauffant, il faut en user avec ménagement.

A l'instar de tous les oiseaux d'eau, la bécassine ne se laisse pas faisander ; on doit se hâter de manger cette chair très estimée des gourmets parce que peu de temps après la mort elle contracte une odeur qui la dénature entièrement.

### Bécasseau (*Tringa ochropus*, Temminck).

Cet oiseau est connu sur les côtes de la Manche et dans plusieurs départements sous les noms de *cul-blanc de rivière, bécasson*. Il peuple les bords sablonneux de la mer et des grandes rivières, il ressemble à la bécassine, mais son volume est moindre, son bec noir et cannelé mesure 3 à 4 centimètres; son plumage est d'un gris plus pâle et l'extrémité de l'aile a une tache noire.

Ce gibier qui se nourrit d'insectes aquatiques et de frai de poisson, constitue une nourriture excellente, les gastronomes en font grand cas; chair tendre et de très bon goût.

**Pluvier** (*Charadrius pluvialis*, Latham).

Le nom de pluvier vient de ce qu'il paraît en France pendant les pluies d'automne. Sa grosseur est à peu près celle du pigeon ou du vanneau auquel il se mêle quelquefois. Son bec et ses pieds sont noirs, le dessus du corps dépourvu d'aigrette est brun avec des taches jaunes et blanches, l'iris de l'œil est rouge obscur, le tour des yeux et le menton sont blancs, le haut des cuisses et une partie du ventre sont d'un blanc sale, enfin les grandes pennes des ailes sont noires.

On en distingue plusieurs variétés :

Le pluvier doré qui doit son nom aux taches jaunes très vives dont son plumage noir est orné.

Le pluvier à collier, plus rare se distingue du précédent par son bec droit, court et renflé vers le bout, ses cuisses et la partie inférieure des jambes sont garnies de plumes.

Le pluvier à poitrine blanche plus petit que celui que nous venons de nommer.

Enfin nous avons le pluvier gris ; ces deux derniers trouvent l'explication de leur distinction dans leur plumage.

Toutes ces espèces paraissent sur nos marchés en assez grand nombre, nous en sommes satisfaits car leur chair est excellente. Celle du pluvier commun, très estimée lorsqu'elle est grasse, est bien délicate mais l'odeur n'en plaît pas à tout le monde. Celle du doré possède une saveur aromatique qui lui communique un goût fort agréable, elle est en même temps de facile digestion, et pour ces raisons elle convient surtout aux valétudinaires.

**Vanneau** (*Vanellus cristatus*, Meyer).

Le vanneau, très abondant dans la Champagne et la Brie, doit son nom au bruit qu'il fait en volant et qui ressemble à celui que l'on produit en vannant du blé. Son bec est court, grêle, droit, comprimé et renflé à son extrémité. Son plumage est remarquable par son mélange de blanc et de noir qui lui donne un reflet métallique, il porte une belle aigrette plantée à l'occiput. Le ventre et le dessous des ailes sont d'un beau blanc ; sa huppe composée de longs brins effilés est plus petite dans la femelle. Nous avons encore le vanneau *suisse,* moins commun que le précédent, et le vanneau *puvier* qui se reconnaît à sa tête dépourvue d'aigrette.

Sa chair est assez estimée, quoique généralement elle soit maigre, sèche et de saveur marécageuse ; cependant il y en a de tendre et de bon goût, sa digestion en est toujours difficile. Nous ne sommes pas entièrement de l'avis des chasseurs qui prônent ce gibier ; nous n'avons pas dédaigné à l'occasion d'envoyer quelques cartouches aux bandes de vanneaux que nous avons rencontrées dans nos pérégrinations à travers la campagne, mais aussi nous avons constaté l'extrême exagération du proverbe auquel ce gibier a donné lieu :

> Qui jamais ne mangea vanneau,
> Jamais ne mangea bon morceau.

Les œufs de cet oiseau, dont la forme se rapproche de celle d'une poire, passent pour très délicats, leur coquille est d'un vert tacheté de noir.

## Râle d'eau (*Rallus,* Linné).

Cet oiseau appartient à l'ordre des échassiers

à long bec. Il a le corps aplati et la queue courte, il est pourvu de quatre doigts, trois devant, un derrière, avec ongles courts et les jambes dégarnies de plumes. Il a la grosseur de la caille.

On en distingue plusieurs espèces :

1° *Le râle d'eau (rallus aquaticus)* dont le bec plus long que la tête est rougeâtre et noir en dessus. Son plumage est noirâtre avec diverses teintes d'un roux olivâtre dans les parties supérieures du corps, les parties postérieures sont cendré bleuâtre, l'iris de l'œil est rouge, les pieds, les ongles et les parties nues de la jambe sont d'un brun verdâtre. Il est bien connu dans les environs de la Guiche et dans les étangs du Charolais. Sa chair est marécageuse, peu agréable, et sa digestion difficile, surtout quand elle provient de sujets vieux et mal nourris, ses propriétés alimentaires sont celles des autres oiseaux aquatiques.

2° *Le râle baillon*, qui habite principalement la Picardie et la Champagne, a le bec vert, l'iris rouge brillant, la partie supérieure des ailes d'un roux mélangé de noir et le reste du corps d'un blanc bleuâtre uniforme. Ses pieds sont d'un vert jaunâtre.

3° *La marouette*, encore appelée petit *râle d'eau*, est la plus petite de toutes les variétés. Bec et pied vert jaune, tête noire, le reste du corps gris foncé avec petits points blancs.

Sa chair, quand elle est grasse, passe pour la meilleure entre celle de tous nos gibiers à plumes, elle est donc pour les gourmets un régal délicieux.

## Poule d'eau (*Gallinula chloropus*, Latham).

La poule d'eau, encore appelée *gallinule*, est un oiseau aquatique de la grosseur d'un poulet de six mois. Son plumage est d'un brun noirâtre sur le ventre, le bec droit est renflé vers la pointe. Le bas de la cuisse est dégarni de plumes, le front, également nu, est surmonté d'une membrane rouge, jaune ou olivâtre suivant l'âge ; elle a quatre doigts, trois devant, l'autre derrière, qui sont garnis de membranes fendues et simples. Cet oiseau a un grand instinct de conservation : lorsqu'on le chasse, il plonge dans l'eau, et au lieu de reparaître à la surface, il se place sous une feuille de nénuphar, laissant sortir le bout de son bec pour respirer, et demeure immobile. La poule d'eau a la chair huileuse, ce qui nuit à sa qualité ; on arrive à lui enlever son mauvais goût en écorchant l'animal au lieu de se contenter de le plumer. C'est un gibier peu estimé par les uns, très recherché par les autres. Sa chair est ordinairement sèche et dure et par conséquent d'assez difficile digestion.

On doit choisir cet oiseau jeune, mais cet aliment ne convient qu'aux bons estomacs et aux personnes qui prennent de l'exercice.

## Plongeon de rivière.

Le plongeon de rivière est assez répandu sur nos côtes, nos rivières et nos étangs. Celui que nous voyons sur le marché de Paris a le plumage cendré, noirâtre sur le dos et blanc sous le ventre ; le bec pointu et conique est légèrement recourbé. Cet oiseau aquatique a les doigts entièrement palmés, le dessus des pattes a la couleur grise et le dessous, la couleur noire : ailes médiocres, queue courte de couleur noire. Sa chair est fine et savoureuse, elle exhale une légère odeur musquée.

## Harle (*Mergus*, Linné).

Le harle est un bel oiseau aquatique se rapprochant beaucoup du canard. On le trouve en grande quantité sur les étangs du département de la Somme. La couleur dominante du plumage est le blanc rayé de noir sur certaines parties. Le bec est étroit et crochu à l'extrémité, le bas de la jambe est dépourvu de plumes, ses pieds sont rouges. On en connaît plusieurs espèces, mais toutes paraissent peu sur nos marchés. Leur chair est dure et fort sèche, elle possède un goût huileux qui la rend impropre à l'alimentation. On l'estime si peu chez nous qu'elle a donné lieu à ce proverbe :

*Qui voudrait régaler le diable, lui faudrait harle et cormoran.*

## Courlis.

Cet oiseau doit son nom au cri qu'il fait entendre principalement lorsque le temps devient pluvieux. Il y en a deux espèces : le *grand* et le *petit*.

Le grand courlis (*Numenius arquatus*, Brisson) est très répandu en Bretagne et en Normandie, sa taille est celle du faisan, son bec jaune verdâtre long et recourbé de haut en bas se termine par une substance molle et flexible assez résistante pour lui permettre de chercher et de saisir sa nourriture au fond de l'eau. L'iris de l'œil est brun, son plumage est mélangé de brun, de jaune et de blanc sale : une partie du bas de la cuisse est dépourvue de plumes, ses ailes mesurent un mètre d'envergure. Les jeunes courlis ainsi que la femelle se reconnaissent à leur bec droit plus court, et à leur plumage de nuance plus claire.

La chair du grand courlis n'est pas très recherchée parce qu'elle a toujours un goût de marais, cependant, si l'oiseau est jeune et bien nourri, c'est un aliment de bon goût, mais non de facile diges-tion. Ceux que nous voyons sur nos marchés sont presque tous des jeunes, nous en comprenons la raison. Ces oiseaux, qui habitent ordinairement les plages couvertes de dunes, sont fort difficiles à atteindre, les jeunes seuls sont susceptibles de se laisser attraper.

Le petit courlis, encore appelé *corlieu*, est moitié moins gros que le précédent. Il a le bec grêle, noir dans toute sa longueur, sauf à sa naissance, ou vert rougeâtre. Son plumage ne diffère pas ou peu de celui de son congénère.

La chair du petit courlis est noire et succulente, mais il faut avoir soin de le dépouiller de sa peau qui répand une odeur de vase.

Les individus âgés et tués depuis un certain temps sont durs, coriaces, et partant de très mé-diocre qualité.

## Chevaliers.

Les chevaliers sont des échassiers que l'on ren-contre le long des rivières et surtout sur les rives de la Meuse, de la Moselle et de la Meurthe.

Nous en connaissons plusieurs espèces:

Le chevalier commun (*Scolopax atra*) dont la grosseur est de 25 à 30 centimètres; bec noir cendré et plumage brun.

Le chevalier aux pieds rouges (*Totanus calidris*) semblable au précédent par son plumage et sa taille. Ce qui le distingue, ce sont ses pieds qui ont la couleur rouge ; les pieds des jeunes sont jaune orangé.

Le chevalier aux pieds verts (*totanus glotis*) dont les pieds sont verdâtres l'été et olivâtres l'hiver chez les adultes ; chez les jeunes, ils sont verdâtres, mais d'une nuance plus claire.

La chair de ces oiseaux, qui sont assez rares sur nos marchés, est fort bonne à manger, elle est délicate, nutritive et facile à digérer, aussi convient-elle aux estomacs faibles ainsi qu'aux personnes sédentaires.

## Merle (*Turdus merula*, Latham).

Cet oiseau, qui a la forme et la grosseur de la grive, est bien reconnaissable à son plumage entièrement noir ou brunâtre. Son bec, son palais et ses paupières ont la couleur jaune. Les plus estimés sont les merles de Corse, aussi chaque année nous en recevons de ce pays une quantité considérable. La chair de ces oiseaux est recherchée, et nous connaissons tous le proverbe du continent :

A défaut de grives on mange des merles.

Nous distinguons deux espèces de merles : le

noir et le blanc ; on cite à tort proverbialement le merle blanc comme impossible à trouver. C'est l'effet d'une espèce d'albinisme qui n'est pas rare ; il n'est donc nullement imaginaire, et se trouve en Afrique, en Savoie et en Auvergne.

La chair du merle est estimée, surtout en automne, elle a une petite saveur amère qui la rend tonique et convenable à tout le monde.

### Becfigue (*Ficedula*).

Petit oiseau assez semblable au rossignol par sa grosseur et sa couleur. Il se nourrit de figues et de raisins, ce qui l'engraisse. Martial lui fait dire :

> Quum me ficus alat, et pascar dulcibus uvis,
> Cur potius nomen non dedit uva mihi ?

Le becfigue devient aussi gras que l'ortolan, il lui est même préférable par une amertume légère et un parfum unique. Sa chair est délicate, succulente et de facile digestion. Du temps de Tibère, elle était fort recherchée à Rome.

Chaque pays a ses becfigues, il y en a plusieurs espèces à Cayenne. A Marseille, cet oiseau se nomme tête noire.

### Boulerot noir (*Gobius niger*, Linné).

Le boulerot se fait remarquer par sa grosse tête

et ses petits yeux ; il vit dans les étangs marins.
Juvénal et Martial disent que sous les premiers
empereurs romains, et dans le temps du plus grand
luxe de Rome, on ne le servait que sur les tables
somptueuses.

> Nec mullum cupias, cum sit tibi gobio tantum, etc.

Sa chair a la saveur de celle de la perche, elle
en a aussi les propriétés alimentaires.

## Des Ortolans.

L'ortolan (du latin *hortulanus*, jardinier) est un
oiseau de passage fort renommé que l'on trouve en
toute saison dans le midi de la France, surtout en
Gascogne. Sa grosseur est celle d'une grive, son
plumage est mélangé de brun roux et de noir, ses
pieds sont jaunâtres.

La chair de cet oiseau, tendre, délicate et facile
à digérer quand elle est peu chargée de graisse,
est très recherchée par les gourmets. Elle nourrit bien, elle convient à tout le monde, même
aux convalescents. On la mange particulièrement
en automne, car en hiver elle devient fort rare.
Nous recevons d'Italie une certaine quantité d'ortolans ; dans nos départements, à Toulouse, par
exemple, ils font l'objet d'une spécialité. On les
prend au piège pendant les mois d'août et de sep-

tembre, on les place dans une chambre obscure, et on les nourrit de millet et d'avoine. Dans l'espace de huit à dix jours, ils deviennent alors un vrai petit peloton de graisse délicate et appétissante. Ils sont alors expédiés à Paris dans de petites mallettes, par douzaine ou demi-douzaine, bien plumés, et vendus fort cher aux classes riches ou à nos restaurateurs à la mode qui offrent ces friands morceaux à la sensualité des Lucullus modernes.

Nous avons encore un grand nombre de petits oiseaux dont la chair est délicieuse, chardonnerets, linottes, pinsons, fauvettes, rouges-gorges. Nous dirons seulement que cet aliment est échauffant et qu'il convient d'en user avec modération.

### Étourneau (*Sturnus vulgaris*, Linné).

L'étourneau ou sansonnet est à peu près de la grosseur d'un merle, cependant un peu moins gros, mais d'une forme plus allongée. Son plumage brunâtre est pointillé tantôt de gris, de blanc, de jaune ou de rouge, nuances qui lui donnent des reflets métalliques. Son bec est jaune et aplati vers son extrémité, sa queue est courte et noire, ses pattes jaune rougeâtre et ses ongles noirs. La femelle se distingue parfaitement du mâle par son bec qui est entièrement brun, par son plumage moins brillant et par une petite maille qu'elle porte dans le blanc de l'œil.

Nous en connaissons plusieurs variétés telles que : l'étourneau gris cendré, le blanc à tête noire, et celui à tête blanche, mais toutes sont un mauvais gibier, car leur chair est dure et amère. Nous n'en conseillons donc pas l'usage. Leur nourriture consiste en baies de la ciguë, plantes vénéneuses, et chairs de cadavres. On prétend que pour faire disparaître son amertume, il n'y a qu'à couper la tête de l'oiseau aussitôt qu'il a été tué.

## Hirondelle de mer noire (*Hirundo nigra*).

L'hirondelle appelée par Ovide oiseau vagabond — *vaga avis* — ne se voit guère en France que sur les bords de l'Oise, de la Somme et de la Moselle. Sa tête et son ventre sont d'un noir roux mélangé de blanc sur le front, la gorge et la partie antérieure du cou. Ses ailes sont grises et sa queue fourchue comme celle des hirondelles terrestres. Les marchés de New-York et ceux de Valence en Espagne en sont fournis abondamment. On les expédie également à Paris en grande quantité. Leur chair est tendre, excellente, de facile digestion, mais assez maigre.

Nous connaissons une variété, l'hirondelle ambrée, qui exhale une odeur d'ambre tellement prononcée que la présence d'un seul oiseau suffit pour parfumer un appartement.

## Mouettes (*Larus*, Linné).

On ne chasse un certain nombre d'oiseaux que pour leur plumage. Plusieurs industriels se rendent tous les ans à Paris dès l'ouverture de la chasse pour se procurer les espèces rares ou inconnues dans nos localités  et qui nous sont expédiées des pays étrangers. Ce commerce est très lucratif, car la concurrence s'est établie sur une large échelle, elle a eu pour résultat de faire élever le prix de ces animaux et même de les rendre beaucoup plus chers que ceux qui sont comestibles. Les mouettes appartiennent à cette catégorie.

## Martin-Pêcheur (*Alcedo hispida*, Linné).

Encore appelé *alcyon*, le martin-pêcheur est le plus bel oiseau de nos climats; tout le milieu du dos avec le dessus de la queue est d'un bleu clair très brillant; sur les ailes le vert se mêle au bleu, le dessous du corps est marron pourpre,

le bec et les ongles sont noirs et les pieds sont
rouges. Buffon l'a bien décrit : « Il semble, dit-il,
que le martin-pêcheur se soit échappé des climats
où le soleil verse avec les flots d'une lumière plus
pure tous les trésors des plus riches couleurs. »

Sa chair est détestable, aussi ne l'achète-t-on
sur nos marchés que pour le livrer au naturaliste
et le conserver comme objet de curiosité.

Nous citerons encore comme oiseaux de marais :

1° La guignette (*Tringa hypoleucos*) dont la chair
est excellente quoique d'un goût un peu fort.

2° Le combattant (*Tringa pugnax*) qui est remarquable par la variété de son plumage. On en
trouve de gris, de blancs, de bruns et de noirs.
Son nom vient de ce qu'il a l'habitude de se livrer constamment des combats corps à corps;
dans ce cas, les plumes de son cou et de sa poitrine se hérissent. Sa chair n'a pas grande qualité, les jeunes seuls méritent d'être mangés.

3° La barge (*Limosa*), qui est de la grosseur d'une
perdrix, a un très long bec, flexible à son extrémité et presque cartilagineux. Il en existe plusieurs espèces, les deux principales sont : la
barge à queue noire et celle à queue rayée, ainsi
appelées à cause de la particularité qui existe dans
le plumage.

La chair de ces oiseaux est bonne et bien appréciée des gourmets, elle nourrit et se digère facilement.

### Loriot.

Cet oiseau ressemble un peu au merle, il se nourrit de fruits et surtout de cerises. Son plumage est d'un beau jaune marbré de noir, sa queue et ses ailes sont entièrement de couleur noire. Sa chair est délicate et les gourmets en sont très friands.

### Huppe.

La huppe doit son nom au cri qu'elle pousse en s'envolant et à l'aigrette longue et rouge qui surmonte sa tête. Sa robe roux clair, sa queue et ses ailes noires mélangées de taches blanches lui donnent un aspect brillant. Bec très long et un peu arqué. Sa chair rejetée par les lois de Moïse a une odeur de musc très prononcée, elle disparaît si l'on a soin de couper la tête de l'oiseau aussitôt qu'il a été tué.

Elle n'est bonne qu'à l'automne, époque où la huppe est très grasse ; dans toute autre saison sa chair est sèche et amère.

## Pic vert.

Cet oiseau a le plumage qui plaît à l'œil, son bec est robuste et pointu. Nous en connaissons plusieurs espèces : le *grand pic* dont la taille est celle d'une corneille, son plumage est entièrement noir, le mâle se reconnaît à une calotte rouge sur la tête ; le *grand pic varié*, qui a la grosseur d'une grive, sa robe est noire et blanche. Enfin l'*épeichette* qui n'est pas plus gros qu'un moineau.

La chair de ces oiseaux ne mérite pas de figurer sur nos tables ; elle est amère, coriace et sent la fourmi.

## Geai.

Cet oiseau se distingue par la diversité de son plumage portant de brillants férets bleus. Son bec est noir, fort et robuste, ses yeux gris bleus et ses ongles noirs. Le mâle est plus gros que la femelle, les plumes de la tête sont plus foncées et forment une espèce d'aigrette.

Chair dure et coriace, celle des geais jeunes et bien nourris est cependant un manger assez délicat.

## Corbeaux et Corneilles.

Le corbeau a la grosseur d'une poule de taille moyenne; il est cosmopolite et omnivore, il se nourrit surtout des charognes qu'il trouve dans les champs. C'est pour cette raison qu'en Angleterre il est défendu de lui faire la chasse. Les Indiens lui accordent également leur protection. Linné prétend que les Suédois le considèrent comme sacré. Les anciens en tiraient de bons et de mauvais présages suivant sa manière de voler.

En France, il jouit d'une fort mauvaise réputation à cause de son aspect sinistre, il est considéré comme un oiseau de proie redoutable et sa chasse est autorisée en toute saison. On en met en vente tous les ans au pavillon de la Vallée une certaine quantité, et comme ils sont vivants, ils se font remarquer par leur cri désagréable. Nous en concluons que l'usage de leur chair défendue par le Lévitique est adopté par des personnes peu difficiles. En effet, elle est dure, coriace, de mauvais goût et même de mauvaise odeur. Nous avons entendu dire que sa décoction produit un bouillon réparateur.

## Pie (*Pica*).

Les pies sont communes en France ainsi que

dans toute l'Europe. Martial appelle cet oiseau *avis loquax improba*.

Nous connaissons tous la légende de la pie voleuse. Comme les corbeaux avec lesquels il se mêle, sa nourriture se compose des charognes et des détritus de tout genre qu'il trouve sur les chemins et dans les champs. Nous lui faisons en France la chasse comme aux espèces nuisibles, et à juste titre, car il détruit nombre de levrauts.

Sa chair est un aliment dur, insipide, sec, désagréable au goût et difficile à digérer. On en fait cependant du bouillon qui possède quelques propriétés nutritives.

# CHAPITRE IV



Les chairs des animaux à l'état sauvage se font remarquer, avons-nous dit, par une couleur foncée caractéristique et par une odeur *sui generis* indiquant la nature de l'espèce à laquelle elles appartiennent.

De même que toute matière organisée, elles sont soumises à diverses altérations qui nécessitent une étude attentive.

La privation d'air, l'entassement des animaux dans des caisses, leur transport pendant le jour en plein soleil, le séjour des viscères dans la cavité abdominale, la température élevée et les manipulations trop souvent réitérées sont les principales causes qui exercent une influence manifeste sur lesquelles nous reviendrons en parlant du faisandage.

Ce sont presque toujours les muscles abdominaux, à cause de leur peu d'épaisseur, qui revêtent les premiers la couleur verte que nous connaissons. A ce degré l'odorat peut encore ne percevoir qu'en cet endroit les indices de l'altération, ce qui indiquerait que le reste du corps de l'animal n'a pas subi de détérioration. Que l'on ne s'y trompe pas, le travail de la fermentation a commencé partout et la putréfaction ne tardera pas à en être la conséquence. Il arrive aussi que la chair soit imprégnée d'une odeur urineuse due à l'ouverture de la vessie par le plomb du chasseur et à l'épanchement du liquide qu'elle contenait dans les parties voisines. Les lavages réitérés à l'eau ordinaire ne peuvent faire disparaître cette odeur si l'urine est restée un certain laps de temps en contact avec la trame musculaire ; cependant on parvient à la masquer en se servant d'une solution d'essence de thym ou de serpolet. Quoi qu'il en soit, quand les poils ou les plumes s'arrachent sans difficulté avec les doigts, que la peau est blafarde, le ventre ballonné, la chair saignante et baveuse et l'odeur qui s'en exhale plus ou moins *violente*, on peut affirmer sans crainte d'erreur que la mort remonte déjà à plusieurs jours.

Bien des personnes prétendent que le gibier n'est agréable au goût et ne mérite les honneurs de la table qu'après être demeuré au crochet cinq ou six jours et les raffinés le déclarent *à point* seulement quand le ventre de l'animal commence à se marbrer. Nous ne sommes pas exclusif et nous admettons que plusieurs espèces ont besoin d'être attendries par une légère mortification. Mais de là à la théorie et à la pratique des estomacs blasés, il y a loin. Le spirituel Brillat-Savarin écrivait que certaines substances exigeaient un commencement de décomposition pour atteindre leur apogée d'esculence. Voici du reste ce qu'il dit au sujet du faisan :

« Cet oiseau, quand il est mangé dans les trois « jours qui suivent sa mort, n'a rien qui le dis- « tingue. Il n'est ni si délicat qu'une poularde, ni « si parfumé qu'une caille.

« Pris à point, c'est une chair tendre, sublime « et de haut goût, car elle tient à la fois de la vo- « laille et de la venaison. Ce point si désirable est « celui où le faisan commence à se *décomposer ;* « alors son arôme se développe et se joint à une « huile qui, pour s'exalter, avait besoin d'un peu « de *fermentation,* comme l'huile du café que l'on « n'obtient que par la torréfaction. Ce moment se « manifeste aux sens par une légère odeur et par « le changement de couleur du ventre de l'oi- « seau (1). »

Nous combattons de toutes nos forces de pareils principes, et nous édifierons nos lecteurs en leur

(1) Brillat-Savarin, *Physiologie du goût.*

donnant quelques détails sur la viande faisandée.

Le *faisandage* est la conséquence d'une série d'actions qui modifient dans des combinaisons très complexes les éléments constitutifs des corps organisés. Il est accompagné de substances nouvelles, telles que hydrogène carboné, phosphoré, azoté, acides sulfhydrique, carbonique et ammoniaque résultant de la métamorphose que les tissus éprouvent sous l'influence d'agents nombreux et divers dont nous parlerons tout à l'heure.

Le premier phénomène qui se produit dans le faisandage a pour point de départ le sang. En effet, lorsque la vie cesse, ce liquide se coagule d'abord dans les gros vaisseaux qui, en se resserrant, chassent une partie de celui qu'ils renferment et qui se porte, en obéissant aux lois de la pesanteur, vers les parties déclives ; puis a lieu la dissolution des globules et surtout de l'hématosine ou matière colorante, et c'est à la suite de ce changement chimique que se forment les hypérémies capillaires résultant de l'imbibition des tissus. Il se produit alors entre les fibres du tissu cellulaire, dans le parenchyme des organes, dans les cavités naturelles et dans la masse intestinale des accumulations de gaz qui occasionnent l'emphysème. La peau du tronc se distend et forme une tumeur résistante à la pression des doigts, et lorsque cette pression cesse, il n'en reste aucune trace. Cette tumeur, nous la connaissons bien, c'est le ballonnement que nous constatons sur le cadavre, quelque temps après la mort.

Cette période, que nous appelons la première *phase* de la fermentation, s'annonce par une odeur particulière, nauséabonde, et par la présence prouvée d'une manière péremptoire, à l'aide du microscope, de légions de petits insectes démolisseurs occupés à transformer et à détruire les éléments du corps. Sous l'influence de cette fermentation, quelques organes mous augmentent de volume par l'infiltration des liquides ou par le développement de matières aériformes ; les fibres musculaires se désagrègent, se ramollissent et acquièrent une alcalinité et une acidité remarquables. Ces changements moléculaires s'opèrent d'abord sur les faces interne et externe, ils s'accentuent plus ou moins rapidement selon des circonstances particulières, et gagnent insensiblement la masse tout entière du corps de l'animal.

Dans ces conditions, la cohésion fait place à un relâchement des fibres et à une mollesse extrême des chairs, la coloration *en vert* est patente. Les infusoires disparaissent, d'autres d'une taille plus développée leur succèdent, et ceux-ci, à leur tour, sont bientôt remplacés par les vers visibles à l'œil

nu ; l'odeur repoussante est générale et la putréfaction achève son œuvre de destruction.

Certains liquides comme de la bile ou de l'urine,
en s'épanchant dans le corps, les matières excré-
mentitielles, en s'échappant de leurs réservoirs
naturels pour s'insinuer dans les parties environ-
nantes, amènent des résultats identiques.

Dans les conditions atmosphériques moyennes,
c'est-à-dire à des températures comprises entre 15°
et 30°, et avec le concours de l'humidité, la fermentation favorise la décomposition rapide des
tissus.

La chaleur et l'électricité sont certainement les
agents qui occupent ici la place la plus importante.

Ainsi, il nous est arrivé personnellement le fait
suivant :

Par une belle journée de septembre 1879 extrêmement chaude, nous parcourions la campagne
accompagné de *Pope*, notre chien inséparable.
Nous eûmes la bonne fortune de tomber sur une
volée de quinze perdrix que nous avons poursuivie
avec la patience qui distingue tout amateur pas-
sionné de la chasse. Chacun sait que les perdrix
levées une fois ou deux se remisent à peu de distance, ce qui donne la faculté de les retrouver plus
aisément. Nous arrivâmes à en abattre *neuf* que
nous plaçâmes avec un légitime orgueil dans notre

carnassière. Ce coup de fusil relativement superbe nous encouragea à chasser encore, et nous ne fûmes de retour au logis que le soir.

Le lendemain notre ménagère, pour préparer le dîner, s'empara de deux perdrix placées dans le garde-manger; mais quelle ne fut pas notre surprise en nous apercevant, qu'au lieu de perdrix bien dodues, ce n'était que de malheureux oiseaux dont le ventre était bleu, les cuisses sanguinolentes et le ventre infect. On avait eu le tort de serrer notre gibier sans l'avoir préalablement vidé. Ce manque de précaution et la chaleur qu'il avait supporté la veille avaient avancé la putréfaction et nous obligèrent à tout jeter aux ordures.

La température des milieux ambiants ou plutôt la facilité avec laquelle le corps abandonne sa chaleur propre aux objets qui l'entourent, la densité des tissus et surtout l'état où leurs éléments constitutifs se trouvent aux derniers moments de la vie, ne sont pas sans exercer une grande influence. Nous n'ignorons pas qu'un animal qui a été forcé a une plus grande tendance à la décomposition que celui tué au gîte.

Par suite de l'excès énorme de travail imposé, la fibre musculaire devient riche en *créatine, créatinine* et autres produits qui se décomposent facilement et qui favorisent la putréfaction de la viande.

Ainsi, le lièvre forcé a la chair molle, noire, s'écharpant en fibres courtes et possédant une odeur d'urine bien prononcée. Sous l'influence d'une fatigue extrême, il se produit, outre les substances précitées, de l'*urée* et de l'*acide urique*, que les urines ne peuvent éliminer, et l'animal, devenant *urémique*, succombe notamment à l'intoxication *urique*, de là cette saveur urineuse de la viande et sa décomposition rapide.

**M. H.** Bouley, inspecteur général des Écoles vétérinaires, a soutenu cette manière de voir. Le savant membre de l'Institut explique « que le muscle fatigué diffère du muscle en repos par ses caractères *physiques*, *électriques* et *chimiques* ».

Il perd de sa cohésion et de son élasticité, il cesse d'être sensible aux excitations électriques, et il renferme une grande quantité de produits de sa décomposition chimique. Liebig a démontré que la *créatine*, qui est un de ces produits, était dix fois plus abondante dans les muscles d'un renard forcé que dans ceux d'un renard tué dans le laboratoire.

Et comme ces produits : *créatine, glucose, matières extractives*, fermentent avec plus de facilité que la substance propre du muscle, on s'explique la plus grande hâtivité de la décomposition putride des muscles d'un animal tué immédiatement après la course, que ceux d'un animal tué après le repos, parce que, pour ces derniers, la circulation a eu le temps de reprendre dans les muscles les matières fermentescibles qui s'y étaient formées sous l'influence des contractions répétées et prolongées (1).

Dans ce cas, on constate de nombreuses *suffusions sanguines* dans les viscères et dans les interstices musculaires, la peau et quelquefois les muqueuses n'en sont point exemptes. La rigidité cadavérique survient immédiatement après la mort, et il est de toute urgence de vider le plus tôt possible les animaux qui se trouvent dans ce cas. Les curées qui se font séance tenante dans les grandes chasses ont donc leur raison d'être.

Enfin le temps écoulé depuis la mort et la nature du milieu où s'accomplissent les changements dans la matière organisée lui font éprouver des modifications plus ou moins rapides.

Les conséquences de la décomposition sont la décoloration des tissus organiques, leur perte de consistance et leur odeur qui, d'abord *acide*, devient bientôt *ammoniacale*. Un liquide incolore suinte à la surface de la peau, colle les poils, les plumes des animaux et rend ces organes plus

_______

(1) *Recueil de médecine vétérinaire*, 1878.

faciles à enlever avec les doigts, en un mot, tous les tissus sont infiltrés en peu de temps de sang et de sérosité.

Les micrographes admettent que les vibrions qui se développent dans ces différentes circonstances sont de la même nature, peut-être les mêmes que ceux qui se trouvent dans le sang des animaux atteints de certaines maladies virulentes, les *bactéridies* charbonneuses, par exemple.

Ajoutons à cela l'existence des productions cryptogamiqnes et des ptomaïnes, et nous aurons une idée des dangers qui peuvent résulter de la consommation d'un gibier faisandé.

Pour éviter une décomposition rapide, quelques chasseurs ont la précaution de faire sortir immédiatement l'urine par la pression des flancs du lièvre ou du garenne qui vient d'être tué ; nous conseillons de toujours agir ainsi en pareille occurrence.

Les autres procédés de conservation sont les mêmes que ceux indiqués pour la volaille, et nous renvoyons le lecteur au chapitre où nous traitons ce sujet.

Quant aux conserves de gibier en vases clos d'après différents procédés perfectionnés, nous n'avons pas à nous en occuper.

En matière de gibier, l'habileté des fraudeurs ne fait pas défaut.

On communique au porc frais un goût de sauvage en faisant mariner la viande dans un mélange de vinaigre, de menthe, de thym, de genièvre, d'échalottes, d'ail, de laurier et de clous de girofle. Les *pseudo-morceaux* de sanglier sont ensuite servis pompeusement dans les restaurants à bon marché. Le connaisseur n'est pas dupe de la transformation, car la chair n'est jamais aussi foncée que celle du fauve bien connu, mais il ne faut pas être trop exigeant.

Le gigot de mouton devient également à l'occasion un gigot de chevreuil. Pour opérer ce changement, il suffit de le mettre dans un plat avec genièvre, marinade relevée et vinaigre ; on laisse le tout ensemble pendant plusieurs jours. Quand on retire la *gigue*, on laisse égoutter, on fait cuire et on sert gracieusement avec une sauce piquante. Quand on n'est pas gourmet, ce tour de main fait merveille.

Le gibier ailé lui-même n'est pas épargné.

Quelques variétés rares ou d'une certaine valeur se vendent déplumées sauf le croupion et l'extrémité des ailes que l'on ne dégarnit pas ; le marchand peut chercher à tromper l'acheteur en dotant une espèce, de plumes ne lui appartenant pas. Cette manœuvre est grossière et facile à reconnaître.

Nous ne nous arrêterons pas aux fraudes sur les petits oiseaux, car à Paris, étant tués depuis 4 ou 5 jours, ils commencent à se décomposer et ne peuvent être estimés à leur juste valeur. Mais disons-le bien haut : que de vulgaires pierrots bien lardés sont mangés comme alouettes ou ortolans. Nous avons assisté personnellement à cette transformation. Nous avons vu prendre des moineaux saignants puis être présentés au confectionneur. Celui-ci ayant aspiré par une paille une certaine quantité de graisse de poulet, il piqua chaque moineau au-dessus du croupion et le gonfla de graisse chaude entre peau et chair. Ainsi préparé, le moineau se vend trois francs la pièce. Nous laissons au lecteur le soin d'apprécier cette industrie comme elle le mérite.

# TROISIÈME PARTIE

---

## CHAPITRE PREMIER

### DU POISSON.

La mer, les fleuves et les rivières renferment dans leur sein des poissons de toutes les formes et de toutes les dimensions en quantité immense et personne ne peut nier le grand rôle que jouent ces auxiliaires précieux dans l'industrie et l'alimentation.

Nous distinguons simplement deux classes principales : les *poissons de mer* et les *poissons d'eau douce*.

Pendant longtemps on a considéré la chair du poisson comme peu nourrissante et ses qualités alibiles ont été contestées par plusieurs hygiénistes. M. Payen s'est occupé de la question et a fait un travail remarquable sur sa composition.

Sur 100 parties l'analyse a donné :

|                          | Azote. | Carbone. |
|--------------------------|--------|----------|
| Pour le brochet          | 3,25   | 11       |
| Pour la carpe            | 3,49   | 12       |
| Pour le maquereau        | 3,74   | 18       |
| Pour la raie             | 3,85   | 12       |
| Pour la morue salée      | 5,02   | 16       |

et ainsi de plusieurs autres.

Ces résultats renversent toutes les théories des adversaires de la valeur nutritive du poisson et nous reconnaissons deux catégories sous le rapport de leurs propriétés organoleptiques et alimentaires. La première comprend les individus à chair blanche, truite, carpe, sole, morue, limande, turbot, merlan, éperlan, etc...

Ils renferment peu de matière grasse, sont moins nutritifs que les autres, mais en revanche d'une digestion beaucoup plus facile.

Dans la deuxième catégorie nous plaçons ceux à chair rouge ainsi appelée à cause de la couleur plus ou moins colorée qu'elle présente et de sa composition qui rappelle celle de la viande de boucherie. Leur tissu est dense, serré et chargé d'une certaine quantité de graisse qui en rend la digestion assez difficile. Leur qualité nutritive est plus grande à cause de la forte proportion d'azote que les muscles renferment. Dans cette classe nous signalérons : le saumon, le thon, l'esturgeon, le gardon et l'anguille.

Le mode de préparation a une grande influence sur la digestibilité de cet aliment.

En général, tout procédé qui consiste dans l'emploi d'une notable quantité de graisse ou d'huile diminue la faculté digestive.

Le poisson frit plaît généralement à l'œil et au goût, mais on reproche à cette préparation de fournir une nourriture indigeste et qui produit des aigreurs d'estomac. Ces observations ont leur raison d'être, car nous savons qu'il se forme par la friture une espèce de croûte sur la surface des poissons qui résiste beaucoup à l'action des sucs gastrique et pancréatique. Quant au pyrosis, nous croyons qu'il dépend de la qualité de la substance employée et que jamais personne ne sera incommodé d'une carpe bien accommodée au beurre et non à l'huile.

Les préparations de poissons *salés*, *fumés* et *marinés* ont pris de nos jours une grande extension et nous savons tous que la *saline* est à Paris la principale ressource de la classe indigente ; nous n'exagérons pas en disant que presque tous les jours, même sur les tables somptueuses, on sert les conserves dont le but est d'exciter l'appétit.

Ce mode d'alimentation présente cependant de nombreux inconvénients dus au sel ou à la saumure que l'on emploie dans les divers procédés en usage. Ces substances ont pour effet de durcir et dessécher la chair des poissons et, même en la dessalant, on ne parvient jamais à lui faire recouvrer son état primitif. Une alimentation trop prolongée de ces produits prédispose et engendre certaines maladies fort graves surtout si le salpêtre est mélangé au sel comme aujourd'hui on a l'habitude de le faire. Un docteur distingué, M. Fonssagrives, de Montpellier, a parfaitement déterminé la nature des conserves quelle qu'en soit la qualité, en les appelant des simulacres d'aliments, *alimentorum simulacra*. Nous conseillons donc d'en user modérément, car nous ne connaissons rien d'aussi indigeste.

L'habitat du poisson influe sur sa digestibilité; certaines espèces qui habitent la haute mer ou vers l'embouchure des fleuves ont la chair compacte, lourde et partant de difficile digestion. On a reconnu que les anguilles pêchées dans des fossés ou des étangs bourbeux sont beaucoup plus indigestes que celles qui ont vécu dans l'eau courante. Nous croyons que cette particularité est due à la nourriture qui se compose, dans le premier cas, de poissons et d'insectes morts, de débris et détritus animaux de toutes sortes.

Un grand débat s'est élevé entre les connaisseurs de poissons pour savoir lequel doit l'emporter de celui de mer ou de celui d'eau douce. La question ne sera probablement jamais tranchée parce que du goût et des couleurs on ne discute pas. Chacun est affecté à sa manière : ces sensations fugitives ne peuvent s'exprimer par aucun caractère connu et il n'y a pas d'échelle pour estimer si un cabillaud, une sole ou un turbot valent mieux qu'une truite saumonée, un brochet de haut bord ou même une tanche de six à sept livres. Nous pouvons seulement constater que le poisson d'eau douce s'est vendu en tout temps plus cher sur les marchés de Paris que le poisson de mer, et la valeur nutritive de ce dernier est cependant généralement plus grande que celle du premier. Dans tous les cas il est reconnu que les espèces qui vivent dans les eaux sales et fangeuses sont bien inférieures à celles qui habitent les eaux limpides à fond sablonneux. Les médecins de l'antiquité étaient d'accord sur ce point et Galien défend l'usage des poissons qu'on pêche au-dessous des grandes villes.

La grosseur n'a aucune influence sur la qualité et telle variété compense largement par sa délicatesse la faiblesse de son volume ; le sexe, sans modifier le goût, exerce cependant son influence, et si le mâle est recherché à cause de sa laitance, il faut avouer que la chair de la femelle passe aux yeux de tous pour posséder une saveur plus fine. Les poissons recouverts d'écailles et qui ont la chair tendre sont plus sains que ceux sans écailles, ceux-ci étant gélatineux s'assimilent plus difficilement ; enfin l'âge les rend plus durs et plus coriaces.

Quelques espèces renferment des principes particuliers qui les rendent vénéneux, notamment dans les mers équatoriales; d'autres acquièrent ces funestes propriétés sous l'influence de la température, de certaines maladies et d'une nourriture spéciale. Nous en parlerons en traitant les altérations. Les œufs de poisson sont presque tous jaunes, on les accuse de ne pas durcir par la cuisson, de rester visqueux et d'irriter fortement le tube digestif.

Outre la fibrine, la gélatine et l'albumine, les poissons contiennent, comme les animaux terrestres, de l'hydrogène et du phosphore, ce dernier élément existe en quantité assez considérable, ce qui rend cet aliment aphrodisiaque. L'ichthyophagie excite donc d'une manière prononcée les propriétés vitales du système générateur et Montesquieu attribue la grande population de la Chine à l'usage fréquent qui en est fait.

La chair du poisson varie d'espèce à espèce sous le rapport de sa composition ; mais, pour donner une idée de sa puissance alimentaire en comparaison de celle de la viande de bœuf, nous donnons le tableau suivant qui est dû à Schulze :

|                                                   | Bœuf.  | Carpe. |
|---------------------------------------------------|--------|--------|
| Fibrine, tissu cellulaire, nerfs et vaisseaux.    | 15     | 12     |
| Albumine.......................................   | 4,3    | 5,2    |
| Extrait alcoolique, sels.......................   | 1,3    | 1,0    |
| Extrait aqueux et sels.........................   | 1,6    | 1,7    |
| Phosphates.....................................   | traces | traces |
| Graisses et pertes.............................   | 1,0    | »      |
| Eau............................................   | 77,5   | 80,1   |

Nous voyons donc que la chair du poisson contient moins de fibrine, plus d'albumine et plus d'eau que celle du bœuf, de plus l'analyse chimique est impuissante à montrer la cause de la différence du pouvoir analeptique dans les deux viandes, cette différence tenant bien plus probablement à l'agencement de leurs principes constitutifs qu'aux proportions de ceux-ci.

Dans l'alimentation il est nécessaire de choisir les individus qui conviennent le mieux au tempérament et aux forces digestives de chacun. Dans ces conditions ils constituent une nourriture saine, délicate et réparatrice s'ils sont mangés bien frais. Le poisson convient parfaitement dans certaines saisons, en été par exemple, où beaucoup de personnes subissant l'influence d'une température orageuse voient leur appétit se ralentir, il leur faut une nourriture engageante qui les stimule en pareille occurrence. Cependant il serait peu prudent d'en faire un usage immodéré parce que ce régime affaiblit la constitution en produisant

un relâchement dans les tissus. Il conduirait in-
failliblement à l'appauvrissement du sang et pré-
disposerait à l'anémie. Nous le conseillons aux
personnes pléthoriques et à celles qui ont un
tempérament nerveux et bilieux. Les valétudinaires se trouveront très bien d'un poisson léger
et bien apprêté. Cette nourriture ne convient
nullement dans les pays chauds parce qu'elle
cause des maladies cutanées et diverses affections
du système lymphatique. Le choix des poissons
dans le régime des malades doit être très judicieux parce qu'ils peuvent, suivant leur nature, ou
fournir une alimentation saine et réparatrice, ou
faire courir tous les risques d'une digestion pénible. Hippocrate et Galien les recommandent
dans plusieurs traités comme une nourriture sa-
lubre, un *mezzo termine* entre le régime animal
et le régime végétal.

Encore de nos jours le poisson constitue l'aliment exclusif d'un grand nombre de peuplades.
Sans cette précieuse ressource, on verrait pour
ainsi dire mourir de famine les naturels des côtes
de la Nouvelle-Hollande, les indigènes des Schet-
land et des Hébrides. Privés des produits de la
pêche, les malheureux habitants de la Sibérie
polaire, du Groënland et du Kamtschatka seraient
bientôt victimes d'une faim mortelle. Plusieurs

explorateurs de l'Islande rapportent même que dans ce pays on nourrit les chevaux et le bétail avec du poisson au lieu de foin qui fait complè-tement défaut en hiver.

Il arrive tous les jours sur nos marchés une quantité considérable de poissons, mais dans l'ensemble de l'approvisionnement c'est celui de mer qui domine à cause de notre proximité avec la mer et de la rapidité des moyens de transport en usage aujourd'hui. Il faut visiter nos vastes pavillons destinés à la marée pour se faire une idée de l'immense commerce en poissons qui se fait à Paris ; il s'en vend annuellement pour plusieurs millions de francs.

De tout temps la Manche et la mer du Nord nous ont expédié le poisson de mer, mais depuis que la vapeur sillonne l'Europe, l'Océan est entré en ligne de compte et nous fait des envois plus ou moins abondants selon les années et les saisons. La Méditerranée nous fournit également beaucoup de marée. Comme importance de ce chargement nous citerons spécialement Boulogne, Gravelines, Calais, Cherbourg, Dunkerque, Dieppe, Morlaix, Fécamp, Saint-Valery-sur-Somme, Saint-Brieuc, Cancale, Saint-Malo, Granville, Valogne et le Tréport. L'étranger toujours à l'affût du gain entre en concurrence pour d'importants en-

vois. L'Angleterre, la Prusse et la Hollande diri-
gent sur notre capitale la plus grande partie de
leur pêche. Aussi il faut habiter Paris pour constater que toute l'année le poisson y abonde depuis
le modeste merlan jusqu'au luxueux saumon,
et quand la pêche de certaines espèces est interdite chez nous, nous les recevons avec le plomb
réglementaire de ces pays étrangers. Nous sommes tributaires de la Hollande et de la Belgique
pour les aloses ; les saumons nous arrivent de
Nantes, de Bayonne, d'Angleterre, d'Allemagne
et de Hollande ; Dieppe, Dunkerque, Lorient,
Brest, nous fournissent les bars, les mulets, les
barbues, les turbots et les soles.

Ces derniers nous sont également expédiés des
Sables d'Olonne, de la Rochelle et de Belgique. Le
brillant maquereau et l'excellent hareng frais ont
pour principale provenance l'Angleterre, Calais,
Boulogne et Quimper ; le merlan, la Hollande, Gravelines et Calais. Les thons sont spécialement pêchés
à la Rochelle ; l'origine des sardines est particulièrement Quimper, Lorient et les Sables d'Olonne.

Les crevettes nous sont envoyées de Saint-Va-
léry-sur-Somme, du Crotoy et de la Belgique. Nous
connaissons la salicoque de Bordeaux, de Dieppe,
de la Rochelle et de Cherbourg. Brest, Quimper,
Lorient et l'Angleterre ont la spécialité des ho-

mards ; les environs de Paris fournissent divers petits coquillages.

Autrefois la France était couverte de marais et d'étangs où l'on gardait le poisson destiné à notre alimentation ; de nos jours ces marais sont comblés et ces étangs desséchés pour faire place à des terrains de rapport. Nous ne connaissons guère que le département de la Somme où il en reste encore un nombre assez considérable, aussi le poisson frais nous vient beaucoup de cette localité et de la Hollande. L'Angleterre et l'Allemagne nous fournissent un grand nombre d'espèces. Amsterdam, Dordrecht, nous envoient les anguilles, les brêmes, les carpes et les brochets. La Hollande nous expédie également les éperlans. Paris nous fournit les goujons et beaucoup de poissons blancs; enfin Bar-le-Duc et l'Allemagne nous approvisionnent d'écrevisses pour parfaire les envois devenus rares de la Côte-d'Or.

Le poisson salé est consommé sur une large échelle à certaines époques de l'année, comme en carême, et en toute saison par les classes indigentes.

Dunkerque, Gravelines, Boulogne et Granville, nous offrent les diverses morues que nous connaissons; Dieppe, Fécamp, Saint-Valéry, Calais, le Tréport, préparent les harengs blancs et les harengs en tonne.

Granville et Saint-Malo pêchent le saumon qui nous est expédié salé.

Enfin nous avons le poisson mariné comprenant surtout les sardines, le thon, les anchois et les huîtres. C'est à la Rochelle et aux Sables d'Olonne que se font ces excellentes préparations à l'huile que nous consommons à titre de condiment. Marseille, Cannes, Collioure, ont la spécialité des anchois, et le Croisic, Concarneau et Lorient celle des sardines. Granville prépare et nous expédie des huîtres marinées délicieuses.

Nous allons maintenant faire la description des poissons de mer et d'eau douce qui paraissent principalement sur les marchés parisiens. Nous ne suivrons pas rigoureusement la classification zoologique, et en donnant les caractères d'un poisson exposé en vente nous éviterons autant que possible les détails qui sont du domaine de l'histoire naturelle.

# CHAPITRE II



## Alose *(Clupea alosa,* Linné).

L'alose, en latin *alosa, de alendo* qui nourrit, en grec Θρίσσα, plein d'arêtes, est un poisson de mer d'autant plus recherché qu'il devient rare ; on en pêche encore cependant beaucoup dans la Loire, le Rhône, le Rhin et la Saône. Par sa forme, il ressemble au hareng. Autrefois, il était excessivement commun, et Ausone prétend qu'à Bordeaux on le pêchait en si grande quantité qu'il était regardé comme devant servir à la nourriture du peuple.

. . . . . . Obsonia plebis alosas.

La Loire est la rivière de France qui en nourrit relativement un grand nombre. L'alose est un poisson de printemps ; maigre et sèche dans la mer, elle acquiert en remontant nos fleuves une rondeur qui donne à sa chair une grande délicatesse.

Sa tête est extrêmement petite, sa bouche largement ouverte, ses écailles grandes et dures se terminent en pointe aiguë. Elles se détachent avec facilité de la peau qui est mince et peu épaisse, ses nageoires grises sont bordées de bleu. Ce poisson acquiert souvent la longueur d'un mètre, son poids ne dépasse jamais deux kilogrammes.

Sa chair est d'excellent goût, mais un peu lourde et remplie de fines arêtes; il est de toute nécessité de la manger fraîche, sans quoi elle acquiert une saveur âcre qui la rend malsaine. Les femelles sont préférables aux mâles.

En Russie, on rejette ce poisson de l'alimentation parce que les habitants lui imputent la propriété de rendre frénétique. Cette erreur leur est préjudiciable, car les aloses du Volga ont une saveur exquise. Les Arabes se nourrissent de ce poisson quand il a été séché à l'air; les Indiens en salent la chair et la conservent. Tous ces peuples sont donc mieux avisés que les Russes. Nous rencontrons sur les marchés de Paris, surtout au printemps, un poisson appelé *pucelle;* ce n'est autre chose qu'une petite alose qui vit dans la Loire.

## Saumon (*Salmo salar*, Linné).

Ce poisson, le plus recherché de tous pour les

tables somptueuses, a le corps couvert d'une peau très mince avec des écailles rondes et tuilées. Sa tête est petite, sa gueule largement ouverte et sa mâchoire supérieure est très allongée ; son dos épais légèrement convexe est noir, une teinte jaune rougeâtre couvre la gorge et le ventre. Les nageoires anales et ventrales sont d'un jaune doré ; les pectorales, de la même nuance, sont bordées de bleu. Le mâle appelé *bécard* se reconnaît à son bec plus crochu que celui de la femelle. Les saumons du Rhin et de la Tamise sont les plus recherchés, on en a pris dans ce dernier fleuve qui pesaient jusqu'à trente-cinq kilogrammes. Les Grecs ne connaissaient pas ce poisson, les Romains, au contraire, en faisaient grand cas, et ils en multipliaient l'espèce par la fécondation artificielle. Cet art qui se continue de nos jours, n'empêche pas de le rendre fort cher, et pour s'en procurer il faut y mettre le prix.

Avant la cuisson, la chair de ce beau poisson est d'un blanc mélangé de rose ; après, elle devient rouge écarlate. Elle présente cette particularité de changer de saveur après le frai, le poisson lui-même change de couleur et de figure. Sa qualité varie également selon l'âge, la saison et la nature des eaux dans lesquelles il s'est nourri. Si le saumon est vieux, sa chair est sèche, coriace et diffi-

cile à digérer; quand il est jeune, elle est entre-
mêlée de graisse, principalement au ventre, et est
fort recherchée. Les morceaux de choix sont la
hure, le ventre et le dos; il faut en consommer
modérément à cause de sa graisse qui en rend la
digestion difficile. Les petits saumons sont plus
digestibles que les gros, et ceux qui sont frais
supérieurs à ceux qu'on a salés et conservés.

En Écosse, la pêche de ce poisson est d'une
grande importance, surtout dans la Tweed.
Jacques IV avait édicté des peines très sévères
contre la pêche illicite du saumon, l'une d'elles
portait la peine capitale pour la deuxième réci-
dive. De même que dans ce pays, la pêche du
saumon est interdite en Angleterre et en France
pendant plusieurs mois de l'année. Cependant
nous en voyons aux étalages des marchandes de
marée pendant la durée de l'interdiction.

C'est l'étranger, l'Amérique surtout, qui nous
l'envoie. L'autorité, pour éviter toute fraude,
oblige les expéditeurs à certaines formalités, et le
poisson arrive sur nos marchés la mâchoire
frappée de l'estampille de la douane. La finesse de
ces saumons exotiques est bien inférieure aux
autres, et nous les tenons en mince estime.

## Turbot (*Pleuronectes maximus*, Linné).

Le turbot (du latin *turbinatus*), ainsi appelé à cause de sa forme pointue, habite l'Océan, la Baltique et la Méditerranée. Ceux que l'on mange à Paris sont pêchés en partie sur les côtes de Normandie, à l'embouchure de la Seine. L'Angleterre, où il est très abondant, approvisionne également nos marchés. Ce poisson jouissait dans l'antiquité d'une grande renommée, les Romains l'estimaient beaucoup, ils l'avaient surnommé faisan d'eau. L'histoire rapporte que l'empereur Domitien convoqua un jour le sénat pour délibérer sur la sauce à laquelle on devait préparer un turbot d'une énorme dimension — *spatium admirabile rhombi*. — Lorsque tous les membres furent réunis, il fut décidé que le poisson phénoménal serait mis à la sauce piquante. Galien en recommande l'usage aux convalescents. Nous lisons dans la vie de saint Arnould, évêque de Soissons, que tous les ans, il était coutume au monastère de Saint-Médard de régaler ces moines avec le turbot. D'autres auteurs ecclésiastiques du xve siècle relatent dans leurs œuvres que ce poisson était estimé au-dessus de tout autre. Sa longueur est de quatre-vingts centimètres à un mètre. Son corps, de forme rhomboïdale, est plat, tacheté de noir et hérissé de petites épines osseuses distribuées sans ordre ; le côté droit est blanc, le gauche est brun, les mâchoires sont garnies de plusieurs rangées de petites dents. Nous connaissons de nombreuses variétés de turbots.

Chair blanche, compacte, feuilletée et de saveur délicate, c'est pourquoi on a appelé ce poisson faisan de mer. Elle est préférable en février, mars, avril et mai. Il faut choisir le turbot de grosseur moyenne, parce que la chair des gros est coriace et filandreuse. En faire également un usage modéré, car elle est de difficile digestion et a besoin d'être faisandée.

## Thon (*Scomber thynnus*, Linné).

Ce poisson de mer est l'objet d'un commerce considérable dans presque toutes les parties de l'Europe. On le trouve dans la Méditerranée, il atteint une longueur de trois mètres et une pesanteur de cinq kilogrammes. Sa forme arrondie et épaisse va toujours en diminuant vers la queue : sa peau est couverte de très petites écailles, son dos est noir et une partie des côtés est argentée, sa gueule est large et garnie de dents pointues, enfin son museau se termine en pointe. Pline assure que le thon voit moins clair de l'œil gauche que du droit. Les Grecs et les Romains estimaient beaucoup sa chair, ils poussaient la délicatesse jusqu'à deviner en quelles eaux le poisson avait été pris. C'est en septembre que sa chair est meilleure; pendant les jours caniculaires, il faut s'en abstenir à cause d'une maladie dont il est affecté à cette époque. La chair fraîche du thon est de couleur rougeâtre, ferme, grasse et très savoureuse, elle rappelle celle du veau : la tête et le ventre sont les morceaux les plus estimés. La pêche de ce poisson se fait en grand sur les côtes de la Provence, elle attire nombre de curieux, car il faut, pour le prendre, beaucoup d'adresse et d'agilité. L'Angleterre nous en expédie une grande quantité confit dans l'huile, c'est le thon mariné; on le sert comme hors-d'œuvre. Quel que soit son état, nous en conseillons l'usage avec la plus grande réserve, car sa chair étant de très difficile digestion, elle ne convient qu'aux estomacs à toute épreuve et aux personnes jeunes et robustes.

L'industrie en retire une huile employée par les corroyeurs.


## Sole (*Pleuronectes solea*, Linné).

Nous connaissons tous ce poisson long, droit, plat, sans vertèbres, armé de fortes arêtes, avec les yeux placés d'un seul et même côté de la tête. Son corps entièrement couvert de petites écailles n'est pas parfaitement symétrique. Sa couleur est blanche par dessus et noire en dessous. Il est très répandu, et dans certains pays, on le désigne sous le nom de *perdrix de mer*. Ce ne sont pas les soles ayant le plus de longueur qui généralement sont préférées, car la chair de celles-ci est coriace. La sole *franche* et la sole *pole* sont les deux variétés les plus recherchées, et comme qualité la première l'emporte sur l'autre. L'Angleterre nous en expédie beaucoup, elles sont un peu brunes mais d'excellente qualité. Celles d'Ostende et de Calais se reconnaissent facilement à leur belle couleur blond clair.

Ce poisson présente une chair ferme, délicate, friable, nourrissante et de saveur délicieuse. Elle convient parfaitement aux convalescents. Les soles de forte taille ont besoin d'être mortifiées pour en faciliter la digestion. Si ce poisson a été pêché dans un endroit vaseux, il a un goût désagréable.


**Limande** (*Pleuronectes limanda*, Linné).

Ce poisson a le corps plat, sa couleur est jaunâtre par dessus et blanchâtre en dessous: ses écailles dentelées sont grandes et dures; sa tête est

11.

petite relativement au reste du corps. Quand les deux côtés du poisson présentent la même couleur, on le désigne sous le nom de double limande. Quelle que soit sa variété, la limande qui présente toujours une certaine viscosité n'est bonne à manger que l'hiver. Il est nécessaire qu'elle soit fraîche, c'est alors un aliment agréable, délicat et léger à l'estomac, il convient bien aux convalescents. A Paris, on en fait une consommation immense, et sa chair, qui est blanche, est préférée à celle de la plie. Nous voyons sur les marchés des quantités prodigieuses de petites limandes, les marchandes au panier en vendent énormément dans les rues. Elles sont consommées par les classes ouvrières, à cause de leur prix peu élevé.


**Barbue** (*Pleuronectes rhombus*, Linné).


Ce poisson se trouve dans la Méditerranée et l'Océan, il a la forme rhomboïde, la peau couverte d'écailles ovales et unies ; le côté gauche est marqué de brun, de rouge et de jaune. Il ressemble au turbot, il en diffère en ce qu'il est plus large, plus mince et qu'il n'a pas d'aiguillons. Dans l'antiquité, il jouissait d'une certaine renommée comme dimension. Martial a dit :

Quamvis lata gerat patella rhumbum
Rhumbus tamen est latior patella.

Dans le fleuve Saint-Louis de la Louisiane, on pêche deux variétés de barbues : la grande et la petite. La première a la chair feuilletée comme celle de la morue, la seconde est encore plus délicate. Celle que nous voyons à Paris est de très bon goût, mais assez lourde à l'estomac.

## Carrelet (*Pleuronectes rhombus*, Linné).

Le carrelet, qui habite l'Océan, est ainsi appelé parce que, par sa forme, il dessine un carré ou un losange dont les angles sont arrondis. Sa gueule est largement ouverte, ses yeux sont placés sur la partie gauche de la tête, son corps présente diverses nuances, la face latérale droite est blanche et la gauche est cendrée marbrée de noir.

Ce poisson alimente nos marchés pendant une partie de l'année ; son bon marché est une précieuse ressource pour les ménages pauvres. Sa chair très tendre est blanche, molle et délicate malgré son humidité ; à certaines époques, elle se réduit en eau au moment où on la fait cuire : au demeurant, c'est une nourriture légère et savoureuse, très assimilable même pour les estomacs faibles et délicats.

## Plie franche (*Pleuronectes platessa*, Linné).

Ce poisson, fort commun dans l'Océan, ressemble beaucoup au carrelet et à la limande. Il est plat et a un grand nombre d'arêtes; son corps est couvert de petites écailles molles à peine visibles. Sa couleur ordinairement claire varie avec les pays qu'il habite. Sa chair, dont la qualité est inférieure à celle de la sole, n'en est pas moins assez estimée. En effet, sa saveur est bonne, surtout quand la plie est grosse, et par sa légèreté, elle convient aux estomacs affaiblis. Les plies de petite dimension se ramollissent en cuisant; on les trouve à bon marché.

## Dorade (*Coryphœna hippurus*, Linné).

La dorade a sa page dans les annales de l'antiquité: ainsi les anciens Grecs la consacrèrent à Vénus comme étant l'emblème de la beauté féconde. Les Romains, qui se distinguaient par le luxe de leurs tables, recherchaient surtout celles qui avaient été pêchées dans le lac Lucrin ou nourries dans des étangs. Du reste, ce fut Sergius qui le premier, à Rome, eut l'idée d'en peupler un vivier. Ce poisson, que l'on trouve dans l'Océan et la Méditerranée, a le corps couvert d'écailles de couleur d'or magnifique. Sa longueur varie entre quinze et quarante centimètres. Il a été importé de Chine en Europe par les Hollandais au xviie siècle, et est naturalisé dans nos climats.

Sa chair est blanche, ferme et délicieuse ; cependant pour être plus facile à digérer, il est nécessaire de la faire mortifier : elle est meilleure en été que dans toute autre saison. Il faut également choisir de préférence les dorades qui ont été pêchées dans les eaux limpides, car celles qui se sont nourries dans la fange ont une saveur détestable. Celles qui se font remarquer par leur dimension anormale ont la chair sèche et pesante à l'estomac, c'est dire que les moyennes doivent être les plus recherchées.


### Rouget (*Mullus barbatus*, Linné).

Nous connaissons deux espèces de ce poisson : l'une qui a des barbillons, l'autre qui en manque ; cette dernière est désignée sous le nom de *roi des rougets*. La variété munie de barbillons se trouve abondamment dans la Méditerranée, près des côtes de France et aux environs de Bordeaux.

Sa forme est riche et élégante ; comme son nom l'indique, sa couleur générale est rouge, son dos est nuancé d'or et de pourpre, et les côtés offrent de belles teintes argentées. Sa chair a une saveur excellente, elle est blanche, ferme et facile à digérer. Les anciens Romains faisaient beaucoup de cas du rouget; Sénèque prétend qu'ils l'achetaient au poids de l'argent. Ils avaient également remarqué que les belles couleurs rouges de ce poisson s'effaçaient à sa mort en passant par des nuances variées; ils s'offraient donc ce barbare plaisir en servant le rouget encore vivant. A Constantinople, où il est fort commun, il n'en est pas moins très recherché. En Crimée, la bonté de sa chair lui a valu le nom de *poisson du sultan*. Nous le recommandons aux malades, aux convalescents et à tous ceux qui sont affligés d'un estomac délicat.

## **Merlan** (*Gadus merlangus*, Linné).

Ce poisson qui habite la Manche et la Baltique, fait surtout à Dunkerque l'objet d'un commerce considérable. Il y a plusieurs variétés de merlans : citons par exemple, celui à poil et celui sans poil, ce dernier est pris dans des filets avec d'autres poissons, et en se débattant, il perd une partie de son épiderme, de là son nom. L'espèce que nous connaissons particulièrement parce qu'on la mange à Paris, pendant une grande partie de l'année, a une couleur argentine sous le ventre et les flancs et nuancée de vert-olive plus ou moins foncé sur le dos. Sa longueur est de quarante à cinquante centimètres. Son corps est couvert d'écailles molles et petites ; sa bouche est large, sa mâchoire supérieure un peu saillante est garnie comme l'inférieure de dents fines et isolées ; son palais est hérissé de quatre pointes crochues. Son foie est volumineux. La chair du merlan est très estimée surtout en décembre, janvier et février où elle est grasse et ferme ; elle se fait remarquer par sa friabilité et sa tendresse, elle est si légère à l'estomac qu'on dit vulgairement que le merlan pèse plus porté à la main que dans l'estomac. D'aucuns disent même que ce poisson est viande de laquais et de postillon, ce qui signifie qu'il n'empêche pas de courir. Il n'y a pas de chair plus saine et plus digestive, elle convient aux estomacs très délicats ; nous la recommandons aux malades et aux convalescents.

## Maquereau (*Scomber scrombus*, Linné).

Le maquereau (du latin *macula*, tache) est un habitant de la mer ; le meilleur est celui de Venise. Ce poisson a le corps rond et allongé, en forme de fuseau ; sa tête finit en pointe, le dessous du ventre est argenté, il est tacheté de noir en dessus, avec quelques nuances bleues sur les côtés. Son corps, dépourvu d'écailles, a une longueur de trente centimètres environ, sa bouche est très ample, la mâchoire supérieure dépasse un peu l'inférieure ; il a cinq petites nageoires attachées en dessous et en dessus de la queue. Quand il est jeune, on l'appelle *Sansonnet*, il est alors recherché parce que sa chair est d'excellente saveur. La consommation du maquereau est très grande chez nous à cause de son bon marché relatif, et nous pouvons dire qu'il est le saumon du pauvre. Il est bien nourrissant, mais, à cause de sa graisse et de sa viscosité, il est de difficile digestion. Nous savons que sa consommation peut causer des nausées et même des vomissements aux personnes ayant un estomac faible ; il faut donc en manger modérément ; les malades et les convalescents doivent s'en abstenir. Nous donnons la préférence au maquereau laité comme étant le plus sain et le plus délicat. Il se fait aussi une grande consommation de maquereaux salés. Ce poisson possède à un haut degré la propriété de répandre une lumière phosphorique dans l'obscurité ; cette phosphorescence se produit aussi dans l'eau qui a servi à le faire cuire.

Nous savons que le maquereau recherché à

Paris est peu considéré en Hollande et n'est consommé en Angleterre que par la classe indigente. Cette dépréciation résulte de ce que ce poisson n'arrive à sa perfection que sur nos côtes de la Manche.

### Ombre (*Salmo thymallus*).

Les Latins ont appelé ce poisson *thymallus* parce qu'il dégage l'odeur du thym. Il habite indifféremment la mer et la rivière ; sa grosseur est celle de la carpe ; sa tête est petite et tachetée de petits points ; son corps est allongé avec couleur cendrée sur les côtés ; le ventre est blanc ainsi que les nageoires pectorales, celles du ventre et de la queue sont rougeâtres. Il est d'une agilité extraordinaire : à peine a-t-on eu le temps de l'entrevoir dans l'eau qu'il a disparu. En été, la chair de ce poisson est grasse, blanche, ferme, nourrissante et facile à digérer, elle est très saine même pour les malades. Le ventre est la partie la plus délicate et la plus agréable à manger. On en expédie d'Auvergne qui est d'excellente qualité. L'Ombre a la réputation d'être un aliment aphrodisiaque à un haut degré.

### Bar (*Labrax*).

Le bar est un poisson voisin des perches d'eau

douce, on le pêche sur les bords de la Méditerranée. On en distingue plusieurs variétés : le bar commun appelé aussi *Loup de mer*, a de soixante à soixante-dix centimètres de taille, il est gris-bleu argenté sur le dos et blanc sous le ventre : le bar *rayé* ou poisson de *roche*, très abondant dans la Caroline, a le ventre argenté. La chair du bar contient peu d'arêtes, elle est blanche, grasse, adoucissante, mais de difficile digestion.

### Cavillon (*Mullus asperus*).

Ce poisson que l'on trouve dans la Méditerranée est de la longueur du doigt et présente la forme d'une cheville. Son corps court et arrondi, d'une belle couleur rouge, est pourvu d'écailles très fortes ; sa tête se termine en pointe ; ses nageoires pectorales blanches en dessus, sont noirâtres en dessous avec une teinte verte bien tranchée.

Chair dure et peu estimée.

### Esturgeon (*Acipenser sturio*, Linné.)

Ce poisson habite l'Océan, la Méditerranée, la mer Rouge et tous les grands fleuves. Il a une certaine ressemblance avec le brochet ; sa tête est garnie de plusieurs barbillons ; son ventre est plat

et de couleur jaune, celle du dos est noire ; il n'a
pas d'écailles, il a le corps long, d'une forme pen-
tagone. La pêche de l'esturgeon est dangereuse
parce qu'il est doué d'une force considérable, d'un
coup de queue il renverse l'homme le plus solide.
Les Romains l'appréciaient beaucoup et sur les
tables d'apparat, il était toujours couronné de
fleurs, ceux mêmes qui le servaient, portaient des
couronnes et marchaient au son des instruments.
En Grèce on le regardait comme le meilleur plat
des festins.

Ovide l'a célébré en disant :

Tuque peregrinis acipenser nobilis undis.

Nous n'avons pas, il est vrai, le même culte
pour ce poisson qu'à cette époque, néanmoins sa
chair a une saveur fort délicate, celle du mâle notamment. Elle est grasse et ressemble par le goût
et l'apparence à celle du veau. Elle offre l'inconvénient d'être difficile à digérer, ce qui empêche
d'en conseiller l'usage aux vieillards, aux convalescents et à tous ceux qui ont le malheur de posséder un estomac débilité. Le dos, la laitance et le
ventre sont les parties les plus recherchées. Avec
la vessie natatoire de l'esturgeon, on fait la colle
de poisson ou ichthyocolle très employée dans les
arts, surtout pour la clarification des vins.

### Lavaret (*Salmo lavaretus*, Linné).

On a appelé ce poisson lavaret parce que, dit-on, il est toujours propre. Celui que nous trouvons sur les marchés de Paris provient des lacs de la Savoie et du Bourget. Tête oblongue, corps aplati et couvert de petites écailles blanches comme celle de la truite. Le lavaret offre plusieurs variétés bien tranchées. Ainsi nous voyons celui que l'on pêche dans le lac de Zurich, être argenté, tandis que celui qui provient du lac Léman est d'un blanc nuancé de bleu. Quelle que soit l'espèce, la chair de ce poisson est bien estimée, sa couleur blanche a une saveur exquise, mais il faut s'en méfier car sa digestion est assez difficile.

### Marême (*Salmo marœna*, Linné).

Ce poisson, que l'on pêche notamment au Bourget et en Savoie, a la chair blanche et bonne, mais de difficile digestion à cause de la graisse qu'elle renferme en certaine quantité.

### Orphie (*Esox belone*, Linné).

L'orphie qui paraît sur nos marchés, nous est expédié des côtes de la Normandie où l'on en pêche des quantités considérables. Son corps très long présente des reflets blanchâtres mélangés de noir et de vert doré, il offre donc de brillantes couleurs. Généralement sa chair est maigre et sèche ; ajoutons à ce défaut de qualité la teinte verte des arêtes qui empêche grand nombre de personnes de la consommer.

**Mulet de mer** (*Mugil cephalus*, Linné).

Ce poisson excessivement commun dans la Méditerranée, est pourvu d'arêtes très nombreuses qui détournent nos ménagères soigneuses de le présenter sur nos tables : on le désigne vulgairement sous le nom de *Cabot*. Son corps couvert de grandes écailles est presque cylindrique : tête nue, museau très court, dents presque imperceptibles. Il est gris plombé sur le dos et blanc argenté sous le ventre ; il mesure environ 70 centimètres et pèse de sept à neuf kilogrammes. Sa chair est tendre, délicate, nutritive et de saveur exquise.

Ce poisson est surtout renommé pour l'usage que l'on fait de ses œufs ; dans le Midi ils servent à une préparation que l'on nomme *boutarque*, très recherchée par les Provençaux, les Turcs, les Corses et les Italiens. On lui suppose même des vertus aphrodisiaques. La chair salée du cabot est surtout mangée par le peuple.

## Surmulet (*Mullus surmuletus*, Linné).

De tout temps, ce poisson a été très recherché et probablement ce sont ses qualités alimentaires qui ont donné lieu au proverbe qui dit de lui :

Ne le mange pas qui le prend.

Il est vrai qu'on pourrait en dire autant de bien d'autres espèces ; quoi qu'il en soit, il se reconnaît à son corps couvert d'écailles, nacré sous le ventre, rouge à la queue avec des raies longitudinales d'un beau jaune doré. Sa mâchoire inférieure est garnie de petites dents fines et pointues, enfin ses barbillons sont bien développés. Quand le surmulet s'est nourri de crustacés, il répand une odeur désagréable. Sa chair ferme et blanche a non seulement une saveur délicieuse, mais elle est encore facile à digérer.

## Congre (*Congrus*).

Ce poisson de mer a beaucoup de ressemblance avec l'anguille de nos rivières, mais il en diffère par ses caractères anatomiques. Il a les ouïes ouvertes de chaque côté sous la nageoire pectorale ; la mâchoire supérieure est plus longue que l'inférieure et son corps arrondi est gris blanchâtre, tacheté de noir. Sa taille varie de un à trois mètres.

Chair fade, huileuse, coriace et indigeste, elle ne se trouve guère que sur la table des gens du petit peuple.

## Bogue (*Box*).

Ce poisson abondant sur les côtes de la Méditerranée, a le corps cylindrique et allongé pourvu de petites écailles ; la nageoire de la queue a cette marque caractéristique qu'elle est fourchue. La couleur est également bien tranchée, jaune olivâtre sur le dos et argentée sur le ventre. Sa taille ne dépasse guère 40 centimètres.

Chair assez délicate et d'un prix peu élevé, ce qui la fait rechercher par les classes indigentes.

## Merluche ou Merlus (*Gadus merlucius*, Linné).

Ce poisson très abondant dans l'Océan et dans la Méditerranée, ressemble au merlan par le manque de barbillons et sa couleur, et au brochet par sa forme allongée. Sa tête est large et aplatie, sa gueule bien fendue et ses mâchoires sont hérissées de longues dents en crochet. Il a le corps couvert de petites écailles, la peau d'un gris sale sous le ventre et d'un blanc cendré sur le dos ; il est pourvu de deux nageoires dorsales et une seule caudale.

Sa longueur mesure soixante-dix centimètres.

Sa chair est blanche, ferme et lamelleuse, mais d'une saveur peu agréable, elle contient beaucoup de phosphore. Elle est difficile à digérer, il est donc prudent d'en user avec modération. A Paris, on vend ce poisson salé sous le nom de *merluche*.

### Lingue (*Gadus molua*, Linné).

Encore appelée *morue longue*, la lingue ressemble au merlus quoique plus grosse et plus longue. Le commerce de ce poisson de mer se fait sur une large échelle en février et en mars. On le reconnaît à un barbillon suspendu à sa mâchoire inférieure, à ses écailles de toute petite dimension et à sa queue arrondie.

Il est vendu *frais*, *sec* ou *salé*, c'est sous le premier état qu'il est préféré et à juste titre, car sa chair a une saveur délicate et est de facile digestion.

### Morue (*Gadus morhua*, Linné).

La morue que nous connaissons tous est extrêmement vorace ; elle possède un avantage que beaucoup de gourmands modernes désireraient sans doute avoir aussi. Lorsqu'elle a avalé un morceau de bois ou tout autre objet indigeste, elle vomit son estomac, le retourne devant sa bouche, et quand il est vidé et rincé à l'eau de mer, elle le rentre à sa place et se remet à manger.

Ce poisson est certainement un de ceux qui rendent le plus de services aux classes ouvrières, et c'est lui qui a rendu le nom de Terre-Neuve si célèbre. C'est au Portugais Gaspar de Corte Réal que nous devons de le connaître, et il mérite à ce titre toute notre reconnaissance, car dans la morue tout est bon et ce qui ne peut être livré à la consommation est utilisé par l'industrie. Ainsi on extrait du foie de la morue l'huile tant prônée dans les affections de poitrine et les scrofules, elle contient de l'iode en notable quantité.

La morue que l'on pêche dans les mers du nord de l'Europe mesure soixante-dix centimètres à un mètre de longueur. Sa tête est grosse et comprimée, sa bouche énorme, ses yeux gros; son corps est couvert d'écailles grises sur le dos et blanches sous le ventre avec des taches dorées. Les Latins l'appelaient *asellus* à cause de la raie qui règne de chaque côté.

La morue qui alimente les marchés de Paris nous est expédiée en grande partie de Calais, de Boulogne et des côtes de la Belgique. Quand elle est fraîche, on lui donne le nom de *cabillaud*. Sa chair est blanche, ferme, nourrissante et d'une saveur excellente ; salée, elle est moins agréable et les estomacs solides peuvent seuls la digérer.

Le commerce livre ce poisson à la consommation sous plusieurs formes avec des noms distincts. Ainsi lorsqu'il est séché à l'air, il est appelé morue *sèche*.

Quand il est conservé par le sel, c'est la morue *salée;* quand il est salé ou séché à demi, c'est la morue *blanche ;* quand il a éprouvé un commencement de putréfaction en séchant, on l'appelle morue *noire*. La morue *pinnée* est celle qui commence à fermenter, la morue *verte* est celle qui est salée entièrement, la morue *greffet* est la plus grande des morues salées ; la morue *fourillon* est celle qui étant séchée est de médiocre qualité ; la morue *grise*, est celle qui séchée est de dangereuse qualité.

Nous le voyons, il y en a pour toutes les bourses et pour tous les goûts, car nous rencontrons ces différentes formes chez les marchands de poissons. Pour notre propre compte, nous n'hésitons pas à opérer la saisie de toute morue insalubre.

### Raie *(Raya)*.

Ce poisson doit son nom aux piquants dont sa queue est armée. Son corps enduit d'une liqueur visqueuse est dépourvu d'écailles, il est aplati horizontalement et a la forme d'un disque. Il est cartilagineux et ses yeux sont couverts d'une taie qui les voile comme un nuage.

Ses nageoires pectorales sont très amples et charnues, sa queue est grêle, sa bouche large et sa mâchoire armée de dents très petites. La chair de la raie est naturellement coriace, et pour acquérir toute sa saveur, elle a besoin d'être mortifiée avant d'être soumise à la cuisson. A Paris, il s'en fait une consommation considérable et elle est recherchée par les amateurs de poissons.

Le foie est le morceau le plus délicat, et il faut recommander à notre cuisinière d'en réclamer à la marchande si elle oublie d'en donner.

Nous distinguons plusieurs variétés :

La raie *ondée* ou *cendrée (raja batis)* ainsi appelée à cause de sa couleur ; cette espèce atteint de grandes dimensions, sa tête est allongée et se termine en pointe, son corps a la forme ronde ou ovale, son dos est raboteux et sa queue n'est armée que d'une seule rangée de piquants.

La raie *bouclée (raja clavata)* dont le dos est parsemé de taches rondes et blanches, elle a des crochets tout autour du corps et même plusieurs sur le dos : c'est la plus mauvaise variété, et le plus souvent on se borne à en extraire l'huile.

La raie *milaret* ou à plusieurs yeux (*raja oculata*), qui se reconnaît à sa petite taille et aux deux surfaces du corps qui sont entièrement lisses ; de plus deux belles taches qui ornent son dos de couleur pourpre empêchent de la confondre avec les autres. Sa chair est moins délicate que celle de la raie commune.

Nous nommerons encore les raies *étoilée, piquante, fallonia*.

Toutes ces espèces exhalent une certaine odeur peu agréable et sont de médiocre qualité. La chair de la raie doit être mortifiée, car, trop fraîche, elle est dure et coriace, dans tous les cas, elle pèse à l'estomac et doit être consommée avec la plus grande modération.

## Hareng (*Clupea harengus*, Linné).

Ce poisson de mer a la tête petite, l'œil grand, la langue pointue, le dos épais et noirâtre. Le hareng vivant est vert glauque sur le dos, blanc sur les côtés et sur le ventre ; il meurt aussitôt qu'il est sorti de l'eau, le vert du dos se change alors en blanc. Il nous en arrive, tous les ans, des quantités immenses de Dieppe et de Hollande.

La pêche dans la Manche s'étend depuis le Pas-de-Calais jusqu'à l'embouchure de l'Orne et dure depuis la mi-octobre jusqu'à la fin de décembre. Elle est soumise à des règlements qui sont sévère-ment observés ; elle ne se fait pas sans danger, car chaque année on apprend la perte de quelques navires. La chair de ce poisson renferme une es-pèce de graisse qui lui donne une saveur agréable ; elle a l'inconvénient de se corrompre très promp-tement, c'est la raison pour laquelle on a employé différentes préparations que l'on a successivement perfectionnées.

On appelle harengs *nouveaux* ou harengs *verts* ceux qui sont pêchés au printemps ou en été, et harengs *pecs* ou *pekels*, ceux qui ont été pris en au-tomne ou en hiver : on les sale en pleine mer. Ceux de printemps sont les plus gras et les plus succu-lents. On leur donne aussi une couleur dorée en les exposant à la fumée pendant quelque temps, c'est le hareng *saur*. Une autre préparation con-siste à ouvrir immédiatement ces poissons et à leur ôter les intestins, puis on les place dans une sau-mure pendant quinze ou dix-huit jours, après quoi on les encaque par lits dans des tonnes en saupou-drant chaque lit de couches de sel ; ainsi conservés, on les appelle harengs *blancs*.

Enfin, on les expédie dès qu'ils sont sortis de la mer, ce sont les harengs *frais*, que nous trouvons très sains et de bon goût. On doit choisir le hareng frais, blanc et plein. Quoique de difficile digestion, on en consomme des quantités considérables et par son bon marché il est d'une grande ressource pour les classes pauvres. Il nous arrive souvent d'avoir à constater l'avarie des harengs expédiés d'Angleterre dans de mauvaises conditions d'emballage. En Suède, lorsque la pêche de ce poisson a été très abondante et que le prix en devient dérisoire, on le fait bouillir dans de grandes chaudières pour en extraire l'huile qui sert à l'éclairage ou à la préparation des cuirs ; quant à la partie charnue, elle est utilisée comme engrais.

### Anchois *(Clupea encrasicolus)*.

C'est un tout petit poisson de mer ne dépassant guère dix à onze centimètres et dépourvu d'écailles. Sa tête est grosse, sa bouche largement ouverte, ses yeux grands et noirs. Son corps de couleur argentine a le dos bien rond. Les anchois sont remarquables par une sorte de transparence qui n'est interrompue qu'à l'endroit de l'épine ; on les prépare en leur ôtant la tête et les entrailles, on les pénètre de sel, on les renferme avec soin dans des barils et on les livre à la consommation. Ce poisson très abondant dans la Méditerranée et sur les côtes d'Espagne, fait l'objet d'un commerce considérable à

Fréjus, à Cannes et à Marseille. Il y en a de plusieurs grosseurs : celui qui nous arrive de Bayonne est le plus gros, mais il est moins délicat que celui de Provence dont le volume est plus faible. Les Grecs et les Latins faisaient avec l'anchois une sauce particulière qu'ils appelaient *garum*.

Nous mangeons ce poisson frais ou salé ; sous ce dernier état, sa chair est très délicate et paraît sur les tables modestes comme dans les festins somptueux à titre de condiment. Les personnes douées d'un tempérament lymphatique doivent s'en abstenir. Les anchois en boîte ont ordinairement une couleur rougeâtre qui est due à la poussière d'argile que l'on mélange au sel pour les conserver.

## Sardine (*Clupea sprattus*, Linné).

Ce poisson tire son nom de l'île de Sardaigne où on le pêche en grande quantité, ainsi que dans la Méditerranée et l'Océan. Plus petit et plus étroit que le hareng, il lui ressemble par sa forme ; sa couleur est d'un gris bleu avec des stries sur le dos et d'un blanc d'argent sur le reste du corps. Sa taille varie entre un et deux décimètres, ce qui fait distinguer la grande et la petite sardine.

Ce poisson se mange *frais, salé* et *fumé*.

C'est surtout en boîtes qu'il se sert comme hors-d'œuvre. Henri IV avait pour lui une prédilection particulière. Fraîche, la chair de la sardine est délicate, agréable et facile à digérer, à la condition cependant qu'on n'en fasse par excès; à l'huile ou salée, elle constitue un mets de buveur et est fort indigeste.

# CHAPITRE III



## Truite.

La truite que l'on trouve dans presque toutes les contrées du globe et surtout dans les eaux douces et vives de l'Europe, est un des plus beaux poissons que nous connaissions.

La pêche en est réglée en France et en Angleterre comme celle du saumon, et les truites que nous voyons à certaines époques aux étalages des marchands proviennent d'Amérique, d'Allemagne et du lac de Genève; c'est pourquoi elles nous arrivent de ces pays revêtues de l'estampille réglementaire.

On la trouve dans un grand nombre de ruisseaux, de rivières et de lacs des eaux douces d'Europe. En France, elle est assez commune, la Seine cependant n'en possède pas. Ceux qui se sont occupés de pisciculture ont réussi à la multiplier artificiellement. Les auteurs anciens mentionnent ce délicieux poisson. Ausone lui a consacré le vers suivant :

Purpureisque salar stellatus tergore guttis.

Pierre Gonthier et Nonnius prônent la délicatesse de sa chair. Andry partage cet avis.

Nous avons comme principales espèces : la truite *commune*, la truite *saumonée*, la truite de *montagne* et la truite *ombre chevalier*.

1° La truite commune (*salmo ausonii*) a généralement une teinte grisâtre, ses écailles sont petites, ses couleurs ont beaucoup d'éclat. Les nageoires pectorales sont d'un brun mêlé de violet, les ventrales et la caudale dorées, la dorsale est parsemée de taches purpurines ; enfin les côtés de la tête et du corps sont nuancés de vert doré et le dos présente des taches noires. Les truites de cette espèce que l'on pêche dans les affluents de la Seine, ont de trente à quarante centimètres et pèsent en moyenne un demi-kilogramme. Leur chair est blanche, d'excellente qualité et bien supérieure à celle des suisses et autres truites étrangères.

2° La truite saumonée (*salmo truita*) habite principalement les lacs des hautes montagnes et les rivières froides qui en sortent ou qui s'y jettent. Par sa forme et sa couleur elle se rapproche beaucoup du saumon et de la truite ordinaire. Elle atteint une grandeur considérable, quelques-unes pèsent quatre ou cinq kilogrammes et mesurent soixante à soixante-dix centimètres de longueur.

Tête petite et en forme de coin, les dents qui garnissent ses mâchoires sont pointues et recourbées,
yeux petits, les taches du corps sont brunes et les
écailles dont il est recouvert sont de petite dimension.

Plusieurs observateurs ont constaté sur la truite
saumonée des phénomènes de phosphorescence
qui s'affaiblissent à mesure que la substance visqueuse se dessèche.

Sa chair rose comme celle du saumon est très
agréable au goût, du reste, sa délicatesse dépend
de la provenance du poisson, il perd beaucoup de
sa finesse quand il a vécu dans des eaux impures ;
celui qui habite les eaux vives et limpides a une
saveur exquise.

Quelques naturalistes prétendent que le saumon-
nage est une qualité dont les truites se dotent elles-
mêmes en mangeant des écrevisses.

3° La truite de montagne (*salmo lacustris*), qui
est la plus petite espèce, se trouve jusque dans le
lac élevé du mont Cenis ; elle est très commune en
Suisse. Son corps parsemé de taches brunes, rouges
et argentées, réfléchit les couleurs vives et agréables
des rubis et des saphirs ; son dos est plus ou moins
mêlé de nuances verdâtres et son ventre est blanc.
Sa chair tendre et exquise est très recherchée ; les
truites de l'Aujon (Haute-Marne) ont acquis par leur

bon goût et leur délicatesse une réputation bien méritée. Celles du lac de Genève, qui se font remarquer par leur gros volume, ont souvent la chair sèche et coriace.

4° La truite ombre chevalier est une variété de cette dernière ; elle se trouve particulièrement en Suisse. Son corps n'a point de taches, le dos et le ventre sont blanc-verdâtre. Chair d'assez bonne qualité, mais inférieure à celle des autres espèces parce qu'elle est grasse et qu'elle ressemble à la chair de l'anguille.

On marine la truite comme le saumon et on la sale comme le hareng. En général sa chair tendre, fine et délicate est placée au premier rang des poissons d'eau douce ; elle est facile à digérer et convient aux estomacs les plus débiles.

A Paris, les truites les plus recherchées sont celles de la Meuse et de la Seine, elles ne sont jamais d'un très gros volume, mais leur chair est pourvue d'une saveur parfaite et d'une délicatesse infinie.

### Éperlan (*Salmo eperlanus*, Linné).

Ce poisson, ainsi appelé parce que ses écailles brillent de l'éclat d'une perle, est très abondant à l'embouchure de la Seine.

Il a le corps allongé, fusiforme, ne dépassant pas quinze centimètres de longueur.

Il est couvert d'écailles minces, nacrées et brillantes présentant de belles teintes d'argent et vert clair : sa tête est petite et ses yeux très grands. La chair de l'éperlan dégage en mars et en avril, époque du frai, une forte odeur de violette; quand elle s'altère par la chaleur cette odeur est tellement prononcée qu'elle en devient désagréable. Elle s'attache aux habits et aux personnes qui manipulent ce poisson avec une opiniâtreté plus grande que celle de nos essences connues. Les opinions sur la saveur de l'éperlan sont partagées : les Allemands prétendent que sa chair sent mauvais, qu'elle est détestable; les Anglais l'estiment beaucoup et lui trouvent le goût de concombre; en France, nous la reconnaissons délicate et de bon goût. Frais, l'éperlan est une nourriture facile à digérer qui convient très bien aux estomacs faibles et délicats. Nous connaissons une espèce d'éperlan bâtard ressemblant à l'ablette qui diffère du véritable éperlan par un corps moins allongé; sa taille n'a pas plus de sept à huit centimètres. Sa chair laisse beaucoup à désirer comme délicatesse.

### Épinoche (*Gasterosteus aculeatus*).

Ce poisson bien connu sous le nom de *pec* ou *savetier*, habite indifféremment les eaux vives ou stagnantes. Il porte trois aiguillons sur son dos et deux autres sous les nageoires dorsales. Sa taille est très minime, il dépasse rarement six à sept centimètres, son corps couvert de plaques osseuses est vert en dessus et blanc-rougeâtre en dessous.

Les rayons épineux dont il est armé le font peu rechercher comme aliment, car les piqûres qu'ils peuvent produire sont dangereuses et difficiles à guérir.

Dans les pays où il est très abondant, il est utilisé pour fumer les terres ou pour en tirer de l'huile.

### Perche de rivière (*Perca fluviatilis*, Linné).

Ce poisson doit son nom aux taches noires dont il est marqueté ; on l'a encore appelé *perdrix d'eau douce*. Il est répandu dans presque toute l'Europe et se plaît dans les lacs et les rivières. Sa longueur moyenne est de quarante centimètres et son poids de un à deux kilogrammes. Son corps offre à l'œil des couleurs splendides, on dirait que le brillant

de l'or se marie avec un jaune-vert magnifique ;
ses écailles dures et dentelées sont fortement adhé-
rentes à la peau, ses nageoires dorsales ont une
teinte violette. La perche présente une particularité qui mérite d'être signalée : quand elle reste un
certain temps dans une eau dont la surface est con-
gelée, elle enfle et la peau qui tapisse l'intérieur de
sa bouche se gonfle et sort en forme de sac.

Dès la plus haute antiquité, ce poisson était servi
avec apparat sur la table des grands de l'époque,
c'est ce qui a fait dire à Ausone :

> Nec te delicias mensarum Perca silebo,
> Omnigenos inter pisces dignande marinos
> Solus puniceis facilis contendere mullis,
> Nam neque gustus iners solidoque in corpore partes
> Segmentis coeunt, sed dissociantur aristis.

Autrefois, on attribuait aux osselets de leurs ouïes
dits pierres de perche, des vertus contre la pierre,
la colique et plusieurs autres affections.

La chair de ce poisson est blanche, tendre, de bon
goût et de facile digestion ; cependant elle a l'inconvénient de produire des éruptions sur la peau
si on en prolonge trop l'usage.

On doit choisir les perches jeunes, grasses et
bien nourries, celles qui sont vieilles ou qui ont
vécu dans des eaux bourbeuses sont sèches et de saveur désagréable ; celles qui ont été pêchées dans

le Rhin sont les plus recherchées sous tous les rapports. Nous savons qu'à Paris, il s'en fait une consommation considérable. L'industrie s'empare de la peau de la perche pour en faire une colle qui est excellente.

Nous mentionnerons ici la perche de mer (*Perca marina*, Linné) qui diffère de celle de rivière par son museau plus allongé et plus aigu. Sa chair est blanche, friable et facile à digérer.

## Vive (*Trachinus*).

Ce poisson ne diffère de la perche que par sa taille plus longue et plus mince.

On en distingue différentes espèces ; la plus connue sur nos marchés est la vive commune vulgairement appelée *dragon de mer*. Sa taille est celle du maquereau ; son corps est armé aux ouïes et sur le dos d'arêtes redoutables dont il faut éviter les piqûres qui sont douloureuses et longues à guérir. La chair des vives est blanche, feuilletée et d'un très bon goût.

## Brochet (*Esox lucius*, Linné).

Ce poisson long, à dos presque carré, habite les lacs et les étangs ; il est surnommé le requin des eaux douces à cause de sa voracité. Il porte différents noms suivant l'âge : les plus petits se nomment *brochetons, lançons;* les moyens, *brochets-poignards*, et les gros, *brochets-carreaux*. Le corps du brochet a la forme d'un prisme à quatre faces dont on aurait effacé les arêtes.

. Sa tête est aplatie antérieurement et comprimée sur les côtés, sa bouche est très grande et fendue jusqu'aux yeux qui sont entourés d'un iris doré dont la prunelle est bleue. Le devant de la mâchoire inférieure est garni de dents petites mais fortes ; la mâchoire supérieure est pourvue de petites dents par devant seulement.

Enfin, le museau du brochet qui est pointu et la forme de la mâchoire inférieure qui dépasse la supérieure lui donne la physionomie particulière que nous lui connaissons. Ses écailles sont petites et nombreuses, de couleur jaune-verdâtre dans les premières années, quand ce poisson est parvenu à une certaine grosseur son dos est noirâtre et son ventre blanc marqueté de noir. En général, les teintes du corps ont d'autant plus d'éclat qu'il habite des eaux plus vives.

Les Romains ne faisaient aucun cas du brochet et le mettaient au nombre des aliments pour le peuple. Nous en trouvons la raison dans sa provenance même ; lorsqu'il a été pêché dans des étangs vaseux, sa chair a un goût détestable facile à comprendre ; quand il a vécu dans des eaux limpides et sablonneuses il est infiniment supérieur. Celui des lacs et des étangs n'est pas aussi brun, ses écailles sont plus vertes et son ventre est plus blanc. Sa chair est blanche, compacte, feuilletée, facile à digérer mais un peu fade et surtout remplie d'arêtes. Nous recommandons celle des brochets qui ont habité des eaux courantes. Les œufs de ce poisson renferment beaucoup de substance animale, d'albumine et de matière huileuse qui les rendent indigestes, il faut s'en abstenir parce que leur usage est susceptible de provoquer des vomissements ou de purger violemment. Les brochets les plus estimés sont ceux qui nous viennent d'Allemagne et de certains lacs de Suisse.

## Carpe (*Cyprinus gobio*, Linné).

Ce poisson, l'un des plus connus, a été introduit en Angleterre en 1504 par Pierre Marshall. Il a la gueule ronde, la prunelle bleue avec quatre barbillons à la mâchoire supérieure ; son corps dont la taille varie entre trente et soixante centimètres est couvert d'écailles grandes et fortes. Il y a des carpes de toute grandeur ; elles vivent indifféremment dans les lacs, les rivières et les étangs : celles que l'on trouve dans la Seine sont excellentes. Celles de Chine sont de première qualité, mais ordinairement elles sont mangées sur place.

Le palais de Fontainebleau a des réservoirs dans lesquels on en voit qui sont si vieilles qu'elles sont devenues toutes blanches. Les carpes qui proviennent des étangs mal tenus sentent la vase et sont par conséquent de très médiocre qualité; elles ont un goût de bourbe qui empêche qu'on ne les mange avant de les avoir fait dégorger dans l'eau vive pendant une huitaine de jours. Nous recommandons également de faire avaler à celles qui se trouvent dans ces conditions un verre de fort vinaigre, alors leur goût se modifie, leur chair se raffermit et leur saveur égale presque celle des carpes pêchées dans l'eau vive. Le mâle est supérieur en qualité à la femelle, notamment en février, mars et avril; aux mois de mai et d'août ce poisson est maigre et sans saveur parce que c'est l'époque du frai. Il faut toujours le choisir gros, gras et surtout pas trop vieux, sa couleur blanc-jaunâtre et la rareté des écailles sont les indices de la vieillesse. Les petits des carpes portent le nom de *feuilles* pendant les deux premières années; après trois ans, on les nomme *alevins* ou *tiercelets*. La chair de ce poisson présente l'inconvénient d'être pleine d'arêtes; elle ne convient qu'aux personnes qui prennent beaucoup d'exercice ou qui ont un estomac robuste. Les médecins en défendent l'usage aux malheureux qui sont atteints de la goutte.

### Brême (*Cyprinus brama*).

La brême ressemble à la carpe, c'est un poisson fort commun dans les pays du nord de l'Europe, il abonde à l'embouchure de la Seine. Dans ce fleuve il en existe trois ou quatre variétés : les petites sont appelées *henriots*, et celles de grosseur moyenne *brémotes*. La grandeur ordinaire de la brême varie entre cinquante et soixante centimètres, et son poids entre deux et trois kilogrammes. Son corps est très large, sa tête est bleuâtre, son dos arqué et noir, son ventre blanc, ses nageoires violettes sont marbrées de noir. Les écailles dont elle est couverte sont assez grandes. Sa chair est blanche, ferme et d'assez bon goût, mais garnie d'arêtes. La petite brême ou bordelière qui fréquente les rivages de la mer est moins estimée que la précédente.

### Tanche (*Cyprinus tinca*, Linné).

Le nom de ce poisson est tiré du mot latin *tincta*

parce que sa couleur est comme teinte d'un vert jaune ou noirâtre. Les anciens Syriens adoraient comme des dieux les tanches de la rivière Chelus, et ne permettaient pas qu'on y touchât. Encore aujourd'hui, les Persans les regardent comme sacrées et ne veulent pas qu'on les pêche.

Nous avons deux espèces de tanches : celle de *mer* et celle d'*eau douce*. La grosseur de cette dernière est inférieure à celle de la carpe : son poids ordinaire est de cinq cents grammes à un kilogramme. Elle est couverte d'écailles très petites, d'un jaune verdâtre sur les côtés et noirâtres sur le dos, le ventre est blanchâtre. La peau qui l'enveloppe est épaisse et enduite d'une substance visqueuse ; sa tête est grosse, son dos arqué et ses nageoires sont épaisses et de couleur violette. Les qualités de ce poisson comme aliment sont diversement appréciées, parce qu'elles varient avec son âge, les lieux de sa provenance et l'époque où il a été pêché. Ainsi, au moment du frai, il possède toute sa saveur ; quand il est vieux ou qu'il a vécu dans des fonds vaseux, sa chair n'est pas de bon goût. Par contre, quand il a été nourri dans des eaux claires et vives, il est d'une extrême délicatesse. C'est en automne et en hiver que la tanche, la femelle surtout, doit servir à l'alimentation ; cependant, on ne doit pas en faire excès parce qu'elle est de difficile digestion. En Angleterre, elle passe pour être délicate, dans l'île de Guernesey, au contraire, on ne l'estime pas, et par mépris, on l'appelle *cordonnier*.

Plusieurs auteurs prétendent que certains poissons, comme le brochet, se guérissent de leurs blessures en se frottant contre le corps de la tanche dont la mucosité de la peau lui sert de spécifique. D'autres affirment que son fiel est vermifuge, que sa chair guérit l'ictère, calme l'inflammation des yeux et dissipe les maux de tête en la plaçant sur différentes parties du corps. Nous n'ajoutons aucune foi à ces contes ridicules qu'il faut bien se garder de prendre au sérieux.

### Barbeau (*Cyprinus barbus*, Linné).

Le barbeau ou barbue doit son nom à quatre barbillons qu'il porte à la tête, deux sont placés de chaque côté de la lèvre supérieure et deux aux commissures des lèvres. Il offre quelque ressemblance avec le brochet, en ce qu'il en a le corps allongé et pointu. Ses écailles sont brillantes, nacrées et nuancées de couleurs olivâtres sur le dos, ses nageoires sont rougeâtres sauf la dorsale qui tire sur le blanc. Sa taille mesure ordinairement quarante à cinquante centimètres ; ceux d'un

mètre de longueur pesant neuf à dix kilogrammes
sont assez rares ; quand il est de petite taille, on
lui donne le nom de barbillon.

Les anciens n'estimaient nullement le barbeau,
l'opinion moderne sur ce poisson n'a pas changé,
parce que sa chair est généralement molle et d'un
goût peu délicat ; son manque de qualité a même
donné lieu à un proverbe qui dit : « Il ressemble
au barbeau qui ne vaut ni pour bouillir ni pour
rôtir. » Celui qui a vécu dans des eaux bourbeuses
accuse une saveur de vase très prononcée qui sou-
lève l'estomac, sa chair ne convient donc nullement
aux personnes douées d'un tempérament délicat.
Celui qui a été pêché dans des eaux rapides à fond
rocailleux est excellent. Il faut s'abstenir de faire
usage des œufs de ce poisson, d'abord à cause de
leur goût peu agréable, mais surtout parce qu'ils
peuvent être insalubles. De nombreux auteurs
citent des cas où ces œufs ont produit des
symptômes d'empoisonnement. Nous partageons
à ce sujet les idées de plusieurs ichthyologistes
célèbres et nous avons la conviction qu'à certaines
époques de l'année, ils deviennent vénéneux.


**Bouvière** (*Cyprinus amarus*).

Appelé vulgairement *péteuse*, ce poisson est

très mince et presque transparent dans toutes ses parties. Son dos est pointillé de jaune et de vert, son ventre est blanc, ses nageoires dorsales et caudales sont verdâtres, les ventrales sont rougeâtres et les écailles qui couvrent son corps sont de grande dimension. Aliment peu agréable à cause de l'amertume de sa chair; on le trouve mélangé aux autres poissons de même taille.

### Chabot (*Cottus gobio*, Linné).

Le chabot ou meunier est un petit poisson d'eau douce dont le corps va toujours en diminuant, il est fort commun dans la Seine. Dans certains pays, on ne le connaît que sous le nom de tête d'âne; à Paris, on l'appelle vulgairement chevenne ou chevanne. Il se fait remarquer par une grosse tête à laquelle s'attache un corps de forme conique; sa longueur varie entre huit et dix centimètres. Son corps de couleur brune marquée de noir est jaunâtre en dessous chez les mâles et blanc chez les femelles; il est recouvert d'une mucosité visqueuse abondante. Soumis à la cuisson, sa chair prend une teinte jaune bien tranchée. On en pêche dans les environs de Nice de première qualité. En résumé, le chabot constitue un aliment sain, délicat et très estimé, malgré que par sa forme il ressemble au têtard. Sa chair présente aussi l'inconvénient d'être remplie d'arêtes; elle est moins délicate en été que dans le reste de l'année. Le chabot figure parmi les meubles d'armoiries; la maison de Chabot portait des chabots dans ses armes.

### Goujon (*Cyprinus gobio*).

Le Parisien est l'ennemi mortel du goujon; en effet, nous voyons tous les jours, pendant l'ouverture de la pêche, sur les bords de la Seine, le pauvre et le riche se distraire par les charmes de prendre ce poisson. Quelle patience et surtout quelle joie lorsque l'imprudent a mordu à l'appât!

Il y en a de grands, de moyens, de petits avec des nuances les plus variées. Sa grandeur moyenne est de huit centimètres; ses lèvres sont munies de deux barbillons, ses nageoires sont d'une couleur jaunâtre mêlée de rouge. Son corps est arrondi et couvert d'écailles assez grandes, son dos est bleu noirâtre et ses flancs sont couverts de petites taches brunes. Ausone l'a bien caractérisé en disant:

> Tu quoque, flumineas inter memorande cohortes,
> Gobio, non major geminis, sine pollice, palmis.

La qualité de sa chair varie selon les lieux où il

a vécu ; elle est molle, insipide quand le poisson habite les eaux stagnantes ; au contraire, quand on le prend dans les eaux courantes, sa chair est blanche, ferme, délicate, très bonne à manger et de facile digestion. Dans ces conditions, elle est recherchée par les personnes faibles ne prenant pas beaucoup d'exercice.

### Ablette (*Cyprinus alburnus*).

L'ablette ou ablet est un petit poisson de rivière et de lac dont la taille ne dépasse guère huit centimètres. Il est fort commun dans la Seine, et on le sert beaucoup dans les restaurants des environs de Paris. Son corps est aplati, sa tête petite et pointue, sa mâchoire inférieure est un peu plus longue que l'autre, son dos est bleu verdâtre et ses côtés gris argenté.

Nous savons que les écailles de ce poisson servent à faire l'essence d'Orient avec laquelle on fabrique les fausses perles. Cette invention est due à un nommé Jacquin, chapelier à Paris, qui vivait au xviie siècle.

La chair de l'ablette est molle, fade et de peu de valeur.

## Gardon.

Ce poisson, vulgairement appelé *rosse*, est remarquable par ses nageoires rouges. Il est très commun en France et surtout dans la Seine et les petites rivières des environs de Paris. Ses écailles sont larges, son dos brun verdâtre et son ventre blanc argenté. Sa longueur moyenne varie entre quinze et vingt centimètres, son poids dépasse rarement un demi-kilogramme.

Sa chair est blanche et assez bonne, mais elle est remplie d'arêtes qui la rendent incommode à manger.

## Loche (*Cobitis*).

Les loches ont la tête petite, aplatie, le corps allongé, la bouche peu fendue entourée de lèvres propres à la succion. On en distingue deux espèces :

1° La *loche franche* (*Cobitis barbatula*), remarquable par six barbillons que porte sa lèvre supérieure. Son corps cylindrique est pointillé de brun et de gris; ses écailles, à peine visibles, sont enduites d'une viscosité abondante, sa taille ne dépassé pas huit à dix centimètres. Sa chair est fort estimée, surtout celle des poissons qui ont vécu dans des eaux vives et courantes comme les petites rivières des montagnes.

2° La *loche de rivière* (*Cobitis tenia*), qui ne présente que deux barbillons à la lèvre supérieure et les quatre autres à la lèvre inférieure. Son dos est brun et le reste du corps jaune marbré de taches brunes. Elle se plaît dans les étangs et les eaux dormantes; aussi sa chair est peu estimée parce qu'elle est molle et qu'elle sent la vase.

## Vandoise (*Leuciscus vulgaris*).

Ce poisson, très commun dans toutes les rivières de France, est encore appelé *dard* à cause de la rapidité avec laquelle il nage. Sa couleur est argentée, son dos brunâtre, son ventre blanc et ses nageoires blanc grisâtre. Sa chair est peu estimée parce qu'elle présente beaucoup d'arêtes, cependant elle est légère et de facile digestion.

## Véron (*Cyprinus proxinus*).

Le véron, qui est très petit, a le corps arrondi, couvert d'écailles visqueuses et marbré de rouge, de bleu, de jaune et de noir. Sa tête est vert foncé, sa queue porte une tache brune. Il n'est pas recherché parce que sa chair a un goût amer peu agréable. Les marchands le mélangent souvent avec le goujon et il est bon d'en faire la remarque.

## La Lotte (*Gadus lota*).

La lotte ou barbotte a le corps allongé, presque cylindrique et recouvert d'une matière gluante et visqueuse. Sa couleur est jaune mélangée de brun en dessus et de blanc en dessous; ses écailles sont tout à fait de petites dimensions. Ce poisson se plaît dans les eaux courantes et limpides, c'est dire que sa chair qui est blanche et ferme est très bonne à manger. Son foie, très volumineux eu égard à la taille de la lotte, est fort estimé des gourmets.

## Lamproie (*Petromyzontes maximus*).

Ce poisson, qui ressemble à l'anguille, habite les hautes mers, il entre dans les rivières au printemps. Sa forme est allongée, sa couleur d'un jaune verdâtre, marquetée de taches jaunâtres et de points noirs; sa peau est moins foncée sur les côtés et sous le ventre. Ses écailles grandes et dures se terminent en pointe aiguë; ses nageoires grises sont bordées de bleu; on ne distingue pas la tête du tronc, l'ouverture de la gueule est ovale.

Enfin, son corps est recouvert d'une peau lisse, visqueuse et glissante. Il y en a plusieurs espèces; celles que nous voyons le plus souvent sont : la lamproie *rouge* ou *aveugle*, ainsi nommée à cause de la petitesse de ses yeux. Le haut de sa bouche ronde présente deux grosses dents écartées; sa taille varie entre 32 et 50 centimètres. Sa tête est verdâtre, ses nageoires violettes, le dos gris et le ventre argenté. On la trouve abondante dans la Seine.

La lamproie *sucet* ou *petite lamproie* de rivière qui n'a que 22 centimètres de longueur environ. Elle s'attache par sa bouche au-dessous du ventre des aloses, dont elle suce le sang.

Les anciens faisaient beaucoup de cas de ce poisson et ils l'élevaient dans leurs viviers. Les auteurs romains nous rapportent que sous le règne d'Auguste un sénateur nourrissait ses lamproies avec la chair de ses esclaves; l'empereur, ayant appris ce fait, fit jeter cet homme cruel dans ses propres viviers et les fit combler ensuite. La chair de ce poisson, surtout de la lamproie de mer, est délicate et fort recherchée; elle est grosse, molle et plus savoureuse que celle de l'anguille. Nous lui trouvons cependant une saveur acide qui oblige de la relever par de forts condiments. En outre, elle est glutineuse et de difficile digestion.

Les goutteux, les calculeux et ceux qui souffrent des nerfs doivent en éviter l'usage. Il nous en arrive beaucoup d'Harfleur et de Rouen, les plus estimées sont celles qui ont été pêchées dans l'Eure.

## Anguille (*Muræna anguilla*).

Ce poisson doit son nom à sa ressemblance avec le serpent dont il a la forme svelte et cylindrique, la flexibilité du corps et la rapidité des mouvements. Disons tout de suite qu'elle en diffère essentiellement parce qu'elle respire par des branchies et qu'elle n'a point de poumons, tandis que les serpents sans distinction aucune ont des poumons et sont privés de nageoires.

La disposition des branchies de l'anguille fait qu'elle peut vivre cinq ou six jours hors de l'eau dans un lieu humide.

Son corps allongé est dépourvu d'écailles, ou plutôt elles sont petites, peu apparentes et ne sont visibles que sur la peau desséchée ; il est tellement gluant qu'on a peine à le tenir à la main, sa peau est cependant assez facile à enlever. Tête petite et nageoires peu apparentes.

On distingue plusieurs variétés de l'anguille : Le *pimperneau* à couleur brune, le *guiseau* dont la tête est plus courte, et le *breteau* que l'on trouve en grande quantité dans l'Eure. Les anguilles expédiées sur les marchés de Paris viennent d'Amsterdam, de Dordrecht, d'Angleterre et de Sainte-Eulalie en Born (Landes).

Les peuples de l'antiquité ne partageaient pas les mêmes idées sur ce poisson. Les Égyptiens l'avaient placé au rang des dieux, ils lui rendaient un culte religieux ; ils apprivoisaient les anguilles sacrées et les ornaient de bijoux en forme de collier.

Athénée appelle l'anguille : la fille de Jupiter ; aussi les Grecs l'estimaient beaucoup et la regardaient comme la reine des repas.

Les Romains, au contraire, lui accordaient peu de valeur et elle était consommée seulement par le peuple. Quelques législateurs ont même cru devoir en défendre l'usage comme contraire aux règles de l'hygiène, mais nous savons que leurs recommandations ont généralement été peu suivies. Aujourd'hui encore les Israélites s'en abstiennent par opinion religieuse. Les Polonais ne la mangent pas non plus à cause de sa ressemblance avec le serpent. Nous ne sommes pas très partisan de ce poisson parce que généralement il vit dans les fonds vaseux où il respire les gaz les plus infects, ce qui peut rendre sa chair insalubre. Pour éviter qu'elle ne sente trop la vase, il faut prendre le soin d'acheter l'anguille vivante et de la faire dégorger pendant trois jours et trois nuits dans un baquet rempli d'eau. Après cette opération, sa chair est généralement blanche, molle, tendre et agréable. Celle que l'on pêche dans la Seine est très estimée. Nous devons toujours en faire un usage modéré, la graisse et la viscosité huileuse dont elle est chargée la rendent lourde à l'estomac. Quand ce poisson a été salé pour être conservé, il constitue un aliment beaucoup moins indigeste.

Les personnes cachectiques, prédisposées aux affections muqueuses, celles qui sont atteintes de maladies cutanées doivent s'en abstenir. Dans certaines localités, on conserve précieusement la peau de ce poisson pour s'en servir contre les foulures et les entorses; en pareille occasion, le sparadrap ferait bien mieux l'affaire, car elle ne possède aucune propriété thérapeutique.

# CHAPITRE IV

DES CRUSTACÉS ET MOLLUSQUES.

Les crustacés constituent une grande ressource alimentaire pendant toute l'année, mais notamment à certaines époques. Ainsi, en été, il est nécessaire de stimuler et de rappeler l'appétit qui fait défaut par une nourriture engageante, il est fâcheux que le prix du plus grand nombre des espèces soit peu accessible aux petites bourses.

Les homards et langoustes ont la chair savoureuse mais assez indigeste, il faut donc en user modérément. Les écrevisses conviennent aux estomacs irrités qui ne peuvent supporter une nourriture abondante, leurs propriétés excitantes et toniques sont prononcées. Les crevettes et salicoques excitent l'estomac et ne conviennent nullement aux personnes convalescentes et délicates.

Les crustacés ont généralement la chair blanche composée de fibres musculaires denses et serrées; elle est nutritive, mais pèse sur l'organe stomacal, et comme les sucs digestifs attaquent difficilement ses fibres, nous nous expliquons les indigestions qu'elle cause fréquemment.

Les malades et les convalescents doivent s'abstenir des crustacés ou tout au moins consulter leurs forces avant d'en faire usage, de plus ils peuvent produire chez tous des démangeaisons et des efflorescences sur la peau.

Quelques espèces, crabes et écrevisses par exemple, offrent l'inconvénient d'échauffer beaucoup et de faire naître des désirs qui seraient dangereux chez les personnes faibles et délicates; par contre elles présentent dans certains cas les avantages opposés : *excitant ad venerem tardos maritos.*

Les mollusques, tels que les huîtres et les moules, sont de digestion facile, l'eau salée qu'ils contiennent les rendent apéritifs et légèrement laxatifs. Nous recommandons aux valétudinaires d'une manière toute spéciale les huîtres qui, lorsqu'elles sont fraîches, de moyenne grosseur et d'un blond rosé, forment une nourriture des plus saines et des plus digestes. Elles excitent l'appétit, restaurent bien sous un petit volume et conviennent parfaitement aux estomacs fatigués, aux vieillards et à tout le monde.

Les moules ont les qualités presque identiques à celles de l'huître, elles sont toniques, nutritives

et faciles à digérer, la cuisson rend les unes et les
autres moins agréables au goût et lourdes à l'estomac.

A Paris on fait une grande consommation de
quelques crustacés en conserves, il faut toujours en
user modérément à cause de leur difficile digestion.

Cette marchandise, nous l'avons dit, de même
que tous les coquillages, est extrêmement fragile
à l'état frais, et la chaleur les altère rapidement.
Il est urgent de rejeter de la consommation toute
espèce avariée, parce que rien n'est aussi nuisible à
la santé et désagréable au goût, qu'une langouste
ou une écrevisse dégageant une odeur acide ou
ammoniacale.

Il est bien simple de juger de la fraîcheur des
crustacés, ils doivent donner une bonne odeur, la
carapace doit être propre, non gluante et ne col-
lant pas aux doigts ; la queue de l'animal prise par
le bout doit résister dans une certaine limite si
l'on essaie de la tourner ou de la replier sur elle-
même.

Les coquillages doivent être fermés et ne pas
exhaler une odeur nauséabonde.

Cette classe d'aliments nous arrive de différents
endroits. L'Angleterre nous fait des envois importants, cependant la Normandie, la Bretagne, Lorient, Brest, Cherbourg, le Croisic, Quimper, le

Crotoy, Bordeaux, sont nos principaux centres d'approvisionnement; la Belgique nous fait aussi quelques exportations.

L'écrevisse si recherchée n'existe plus en France, et les rares individus que nous voyons sur nos marchés sont en partie d'origine allemande.

Les huîtres, qui font les délices des gourmets, proviennent de nos différents parcs; enfin les escargots si recherchés des amateurs sont recueillis dans les départements de la Sarthe et de la Mayenne, et ceux qui se sont nourris de plantes odoriférantes dans les vignes de notre riche Bourgogne sont encore plus estimés.

Nous terminerons en signalant les abus de certains aliments, des huîtres par exemple, que font quelques gens appelés viveurs, au profit de leur gourmandise et au grand détriment de leur santé. Nous nous contenterons de leur rappeler qu'il « faut « manger pour vivre et non vivre pour manger », car, comme l'a dit avec raison Jean-Jacques Rousseau, « la gourmandise est le vice des cœurs qui « n'ont pas d'étoffe; l'âme d'un gourmand est tout « entière dans son palais; il n'est fait que pour « manger; dans sa stupide incapacité, il n'est à sa « place qu'à table, il ne sait juger que les plats. »

Nous allons immédiatement faire la description

sommaire de chaque crustacé, en nous attachant à ceux qui méritent une mention spéciale.

## Homard (*Cancer gammarus*, Linné).

Le homard est un crustacé dont la cuirasse est semée de taches bleues sur un fond rougeâtre couvrant un tissu blanc. On le pêche sur les côtes de la Normandie et de la Bretagne, et si l'Angleterre nous en expédie une certaine quantité, nous en recevons aussi beaucoup de Lorient, Brest et Quimper.

On en distingue plusieurs espèces, la plus connue est le homard commun qui atteint $0^m,50$ de longueur.

Soumis à la cuisson, la cuirasse de ce crustacé rougit à l'instar de l'écrevisse ; du reste, il n'est qu'une grosse écrevisse de mer. Les pinces et la queue sont les seules parties qui soient bien charnues.

On confond souvent le homard avec la langouste ; les pattes de celle-ci sont beaucoup moins fortes et sans pinces, ses cornes plus grosses, plus longues et plus hérissées. Cet aliment est de bon goût, mais peu nutritif et de digestion difficile ; il convient donc d'en faire un usage modéré, surtout parce qu'il est susceptible de causer des efflorescences sur la peau et même des coliques. A Paris, on en mange considérablement frais et plus encore en conserve.

## Langouste (*Palinurus locusta*).

La langouste, une des principales richesses que la Méditerranée offre au commerce, nous arrive tous les ans en quantité prodigieuse.

Sa consommation deviendrait plus forte si son prix était moins élevé. Elle est voisine de la famille des homards et des écrevisses. Elle est pourvue de quatre cornes excessivement longues, deux devant les yeux et deux autres en dessous. Sa cuirasse, de couleur brun-verdâtre tirant au rouge foncé dans certaines places, est demi-cylindrique et hérissée de petites tubérosités; son abdomen est allongé, recourbé en dessous vers le bout et terminé par cinq lames natatoires, ses yeux sont portés par des pédoncules étroits qui semblent partir du milieu du front. Il est utile de savoir distinguer le sexe parce que la chair de la femelle est beaucoup plus délicate que celle du mâle. Celui-ci possède à chacune des pattes placées à la naissance de l'abdomen une ventouse caractéristique et ne faisant jamais défaut. Nous supposons que ces organes doivent aider le mâle à mieux saisir la femelle dans le phénomène de l'accouplement ; ils n'existent pas chez cette dernière. La queue est moins bombée et relativement plus longue chez la femelle ; enfin on constate à sa partie inférieure la présence des filets très développés servant à retenir les œufs.

Les apports les plus importants de ce crustacé viennent de Brest, de Quimper, du Croisic, de Lorient et de l'Angleterre.

Certains estomacs digèrent difficilement la chair de la langouste et l'usage de cet aliment a même quelquefois produit des éruptions cutanées. Nous estimons beaucoup moins ce crustacé que le homard et l'écrevisse.

### Écrevisse (*Cancer astacus*, Linné).

Ce crustacé aquatique si recherché et qui devient de plus en plus rare, a la tête et le corselet confondus en une seule pièce, sa queue longue et volumineuse est garnie de différents anneaux et son corps brun-verdâtre est pourvu de cinq paires de pieds. Les articles composant la queue sont garnis en dessous de filets qui servent aux femelles à attacher leurs œufs, chez les mâles leur usage est encore inconnu. Les yeux en forme de demi-globe peuvent rentrer ou sortir à volonté de la cavité qui les contient.

Les écrevisses habitent les eaux douces et les rivières ; tous les ans à la fin du printemps, elles se dépouillent de leur enveloppe calcaire, quelques jours seulement suffisent pour qu'elle soit remplacée par un nouveau test. Ce changement est souvent pour elles une cause de mortalité, c'est au bout de la quatrième année que l'écrevisse est bonne à manger.

Nous savons qu'elle devient rouge-vif par la cuisson ou quand on la soumet à l'influence des acides. Elle a dans l'estomac deux petites pierres composées d'albumine, de matière animale et de phosphate de chaux. Ces pierres sont appelées yeux d'écrevisse ; autrefois on les employait en médecine pour combattre la diarrhée.

Sa chair qui nourrit et fortifie l'estomac est en même temps de saveur exquise, mais elle est de difficile digestion et peut occasionner des coliques et des efflorescences sur la peau.

Les personnes sédentaires, les vieillards, les convalescents, tous ceux en un mot dont l'estomac est faible et délicat, doivent s'en abstenir. On sert les écrevisses en buisson sur les meilleures tables ; celles que nous préférons ont été pêchées dans les rivières, la plupart qui approvisionnent nos marchés proviennent de Bar-le-Duc ou d'Allemagne, nous connaissons au moins de réputation les écrevisses si renommées de la Côte-d'Or. Mentionnons également celles de la Marne, de la Meuse et de la Saône ; la variété de l'Amance et de la Meuse, dite pattes rouges, qui se reconnaît à la grosseur du crustacé et à la belle couleur pourpre de ses pattes, a une réputation de finesse bien justifiée. Mais malheureusement ces écrevisses ne sont guère expédiées à Paris, les habitants de ces localités se réservant d'en faire leurs propres délices.

Les écrevisses sont sujettes à plusieurs maladies qui en détruisent un grand nombre. L'année dernière, un pêcheur en Bavière n'en trouva plus de vivantes dans une rivière. On a attribué à une sorte de champignon la cause de la mort des crustacés.

Dans un rapport présenté tout récemment à l'Académie de médecine de Belgique, M. Zundel, le savant vétérinaire de Strasbourg, fait connaître que l'écrevisse disparaît dans de grandes étendues de pays, depuis la Meuse et la Saône, jusqu'au Danube et à l'Oder. Notre confrère attribue la grande mortalité qui règne parmi ces crustacés à la peste ou distomatôse, affection causée par la présence, dans le tissu musculaire, de parasites qui l'envahissent en quantités considérables.

Il serait grand temps, croyons-nous, d'enrayer les progrès de la dépopulation des rivières, car sans cela, nous risquons fort que l'écrevisse, si recherchée pour l'alimentation, n'existe bientôt plus pour nous qu'à l'état de souvenir.

## Crevette de mer *(Crangon vulgaris)*.

La crevette ou écrevisse de mer, très commune sur les côtes de la Manche, en Normandie et en Picardie, est absorbée en quantités immenses par la capitale. Son corps est allongé, les deux premières pattes sont terminées en pointe et sa queue est au moins aussi longue que le tronc. Il en existe plusieurs variétés qui ne diffèrent que par la couleur qu'elles prennent par la cuisson, car avant elles sont grises ou noires. La crevette grise nous est expédiée de Saint-Valery-sur-Somme, du Crotoy et de la Belgique. Nous donnons la préférence à la crevette rouge de Cherbourg et à celle qui se pêche sur les côtes de la Vendée. A Paris, cette espèce est triée avec soin et les plus belles forment ce que nous appelons *bouquet de Cherbourg*.

La chair de ce crustacé excite l'estomac, prépare l'appétit, mais ne convient pas aux valétudinaires et aux personnes délicates, parce que sa digestion est difficile. Cette marchandise est très fragile et se corrompt avec une grande rapidité. Quelques personnes pour la conserver plus longtemps, se permettent de la mouiller avec de l'urine, nous sommes loin d'approuver ce *modus faciendi* et nous estimons qu'il serait bien préférable de se servir de l'eau salée ordinaire.

Nous avons encore plusieurs espèces de coquillages qui se vendent beaucoup à Paris, nous allons en dire quelques mots.

### Des Salicoques.

La salicoque est une sorte de crevette ressemblant à de petites écrevisses ; ce crustacé a le corps comprimé, les pattes grêles et très allongées et les téguments de consistance molle. Il est très commun sur les bords de la mer, nous en recevons une grande quantité d'Angleterre, des côtes de Normandie et de Bordeaux, les salicoques qui viennent de cette dernière localité sont les plus recherchées.

### Des Cragnons.

Le cragnon vulgairement appelé *Cardon* ou crevette de mer a la carapace et l'abdomen presque entièrement lisses. Ce crustacé, dont le corps est incolore ou tirant sur le vert, présente une infinité de petits points noirs bien caractéristiques. Sa chair n'est pas aussi délicate que celle des précédents.

### Des Ormiers.

L'ormier, encore nommé *oreille de mer*, *oreille de Saint-Pierre*, n'est autre chose que l'haliotide commune. La coquille de ce mollusque, déprimée en forme d'oreille, présente des raies longitudinales et des plis disposés transversalement. Sa couleur nacrée est verdâtre ou jaunâtre suivant la variété.

### Des Ricardeaux.

Les ricardeaux ou *pèlerines* ou *coquilles de Saint-Jacques*, ainsi appelées parce que les pèlerins en ornaient leurs habits ou leurs chapeaux, appartiennent au genre Peigne à côtes rondes. Leurs valves convexes sont l'une blanchâtre et l'autre roussâtre, marquées chacune de quatorze côtes. Ces délicieux coquillages sont remarquables par la délicatesse de leur chair et la finesse de leur goût.

### Des Palourdes.

Les *anodontes* ou *moules des étangs* ou *palourdes* ont la coquille mince, ovalaire et inéquilatérale. Leur chair est comestible et Paris en fait une grande consommation.

### Des Clowisses.

Les clowisses ou *vénus croisées* appartiennent au genre de mollusques acéphales de la famille des

Vénusidées. Elles sont très nombreuses dans la Méditerranée, leur coquille est équivalve, ovalaire ou allongée. De même que les palourdes, les clowisses se vendent absolument comme des huîtres.

## Les Crabes.

Le genre crabe renferme plusieurs variétés, la plupart exotiques, dont les caractères principaux sont un corps protégé par un tégument calcaire, pattes très fortes terminées par des pinces, et queue recourbée sur le ventre.

Nous avons le crabe de terre appelé en Amérique *tourlourou* ; sa carapace renflée sur les côtés a la forme d'un cœur, il y en a de blancs et de noirs, les premiers sont les plus comestibles. Leur chair est de bon goût, mais s'ils se sont nourris de feuilles de sensitive ou de mancenillier, elle empoisonne ceux qui la mangent. Cette variété paraît peu sur nos marchés, les dangers qu'elle offre pour la consommation, et leur peu de qualité font que le public ne s'en plaint pas.

Les variétés que nous voyons en vente sont : le crabe *commun*, le crabe *tourteau* et le crabe *poupart*.

Le crabe commun a la carapace brun verdâtre légèrement granuleuse. Il est très répandu sur nos côtes, on nous en expédie de Normandie une grande quantité. Leur chair est assez délicate, mais de difficile digestion. Elle a été préconisée comme spécifique contre la rage. Les tourteaux et les pouparts ont la carapace très large, à forme ovalaire et de couleur brun rouge. Leur chair a un goût excellent, on l'estime autant que celle des homards et on la mange de même. Une supercherie du commerce consiste à substituer la chair des crabes à celle des homards en boîtes.

## Des Huîtres.

L'huître (*Ostrea edulis*) est un animal sans tête, sans pieds, sans bras, sans aucun siphon saillant, qui vit enveloppé dans une coquille bivalve, lamineuse, irrégulière, et qui habite par bancs immenses presque toutes les mers. Cette coquille, plate d'un côté, convexe de l'autre, est généralement ovale, quelquefois ronde ou allongée, nacrée à l'intérieur et feuilletée à l'extérieur. On ne sait pas de quoi se compose la nourriture des huîtres, les naturalistes supposent qu'elles sont alimentées, chaque fois que leurs valves s'entr'ouvrent, par l'eau de mer qui leur apporte le frai des poissons, des animalcules et des débris de toute espèce suspendus dans les eaux.

Ces mollusques sont hermaphrodites et vivipares ; leurs œufs nagent dans l'eau et s'agglutinent aux coquilles voisines ; les jeunes huîtres s'attachent au banc où elles ont pris naissance, croissent et meurent sans avoir jamais changé de place. Leur croissance est assez rapide, dès la troisième année l'huître est comestible. On peut alors l'engraisser en la transportant dans les parcs où l'eau de mer arrive par le flux. En y restant pendant quelques mois, elle prend une couleur vert foncé et acquiert une saveur très recherchée des amateurs.

Les anciens Romains, qui faisaient beaucoup de cas de ce coquillage, n'ignoraient pas cet art. Ce fut Sergius Orata qui, le premier, eut l'idée de le parquer aux environs de Baïes. Apicius en envoyait à Trajan d'Italie en Perse. Peronne a placé cet aliment au nombre de ceux qui excitent à l'amour. Selon Macrobe, on en servait toujours sur la table des pontifes romains.

Les Grecs, qui en faisaient une grande consommation, dépensaient des sommes immenses pour s'en procurer ; ils ne les parquaient pas, ils les mangeaient sitôt sorties de la mer. Les anciens vantaient les huîtres des Dardanelles, de Venise, d'Angleterre, et principalement celles qu'on engraissait dans le lac Lucrin. Horace a fait l'éloge des huîtres de Circé :

Lubrica mascentes implent conchylia lunæ,
Sed non omne mare est generosæ fertile testæ
Murice Baiano melior Lucrina peloris :
Ostrea Circeis, Miseno oriuntur echini ;
Pectinibus patulis jactat se molle Tarentum.

Dans l'antiquité, on croyait à l'influence de la lune sur les huîtres. Amanus, pour expliquer la maigreur de celles qu'il offre à son hôte, cite le vers de Lucile qui commence ainsi :

Luna alit ostrea.....

Il est bien entendu que cette action de la lune n'est qu'une erreur de l'époque. Un autre poète latin, Ausone, vante les huîtres des côtes de Bretagne :

Sunt et Armorici qui laudant ostrea Ponti.

Il y a des huîtres de plusieurs grandeurs; dans la Nouvelle-Orléans, il y a un marais qui contient ces mollusques d'une grosseur prodigieuse, et en si grande quantité, que l'écaille sert à faire de la chaux. Nous avons vu cette année aux Halles centrales des huîtres d'Arcachon de la grosseur de sabots d'enfants et même de fillettes. Leur couleur est également variée. En Espagne et en Algérie, il y en a de rouges ; dans certains pays l'écaille et la chair sont noires.

En France, le premier parc aux huîtres a été

inventé par l'abbé Bonnetard, curé de Teste. Nous savons du reste que le clergé, régulier ou non, a rendu d'immenses services à la cuisine. Les cuisiniers du clergé, dit Brillat-Savarin, ont reculé les limités de l'art.

Les huîtres qu'on apporte sur nos marchés proviennent spécialement des parcs de Marennes, Tréport, Dunkerque, Fécamp, Saint-Wast, Étretat, Cancale, du Havre, de Dieppe, etc...

Les variétés que nous connaissons donc le plus, sont :

Les arcachons, les armoricaines, les cancales, les courseulles, les fleurs de mer, les marennes blanches, les marennes vertes, les ostende, les pieds de cheval, les portugaises et les Sainte-Anne.

Dans le monde des gourmets, le retour des huîtres est un événement de grosse importance, et le mois de septembre qui nous les ramène est attendu avec la plus vive impatience.

Pour arrêter la destruction des bancs de ces mollusques qui enrichissent encore nos côtes, le gouvernement en a réglé la pêche, et surtout encouragé l'ostréiculture. Mais, malgré tous ses efforts, la reproduction artificielle n'a pas donné tous les avantages qu'on était en droit d'obtenir, ce qui rend le prix des huîtres toujours très élevé. En général, la pêche se fait en France du mois de septembre au mois d'avril. Voici le dernier décret du président de la République française paru à l'*Officiel* du 17 janvier 1882.

ART. 1er. — La vente des huîtres de toute provenance est interdite pour l'alimentation publique du 15 juin au 1er septembre de chaque année.

ART. 2. — La vente, l'achat, le transport et le colportage des huîtres de parcs ou autres établissements ostréicoles quelconques sont autorisés toute l'année dans l'intérêt de l'élevage des coquillages ou du peuplement des parcs, viviers, claies ou autres établissements, quelle que soit la dimension des huîtres, sous la réserve expresse que les envois effectués dans la période comprise entre le 15 juin et le 1er septembre seront accompagnés d'un certificat de provenance délivré par un fonctionnaire ou agent de la marine, et mentionnant le lieu de destination. Les huîtres d'une dimension inférieure à cinq centimètres, colportées en vertu des dispositions qui précèdent, ne pourront dans aucun cas être exposées sur les marchés ni livrées à la consommation. La même défense s'applique aux huîtres ayant la dimension réglementaire, colportées dans la période comprise entre le 15 juin et le 1er septembre.

ART. 3. — L'exportation du bassin d'Arcachon des huîtres de moins de cinq centimètres continue à être interdite en tout temps, de même qu'il est défendu d'expédier des huîtres de ce bassin du 15 juin au 1ᵉʳ septembre.

ART. 4. — Les contrevenants aux diverses dispositions qui précèdent seront punis des peines édictées par l'article 7 de la loi du 9 janvier 1852, ci-dessus visée.

Nous ne pouvons qu'approuver de pareilles mesures.

On a analysé la chair de l'huître et on lui a trouvé la composition suivante :

Eau, 80,3 ; substances azotées, 15 ; non azotées, 1,5; graisse, 1,5; sels, 2,6.

La coquille est composée de phosphate de chaux, de fer, de muriate de soude, de silice et d'une matière animalisée aromatique. On a constaté qu'une douzaine d'huîtres, eau et chair, pèse cent vingt-cinq grammes. Parmi les gourmets, les uns aiment les blanches, grosses et pourvues d'une eau abondante, les autres les préfèrent petites, rondes, peu épaisses, de couleur verte et de saveur un peu poivrée. Nous accordons la palme aux huîtres bordées d'une petite frange brune, à cause de leur extrême bon goût. Les armoricaines provenant du château de Belon, sur les côtes du Finistère, sont réputées exquises et d'une finesse incomparable. Les portugaises sont les plus communes, et font par leur bon marché les délices des petits ménages. Leur coquille est rugueuse et tourmentée, leur chair est d'un bleu laiteux et leur goût fade; elles nous viennent tous les ans en grande quantité de parcs immenses établis à Maumusson, entre l'île d'Oléron et Marennes.

Les maladies propres à ces coquillages dans la saison chaude et la facilité qu'ils ont de se putréfier en ont fait interdire la vente pendant l'époque de la ponte, comme nous l'avons vu plus haut. En effet, à ce moment la chair de l'huître est molle, bleuâtre, remplie d'un suc insipide, elle est dite laiteuse. On cite quelques exemples d'empoisonnement par les huîtres. C'est au mois de septembre 1603 que Henri IV après avoir fait un repas d'huîtres à Rouen fut pris de diarrhée et de vomissements. On a accusé successivement de les rendre malsaines une alimentation spéciale, le frai putréfié, le doublage de cuivre des vaisseaux, etc...

Nous devons nous méfier de la couleur verte qu'on peut leur donner par l'addition d'un sel de cuivre. Voici le moyen de reconnaître cette fraude, il est dû à M. Crusent, médecin de la marine.

Il suffit d'implanter une aiguille à coudre dans la chair de l'huître et de la recouvrir de vinaigre. S'il y a du cuivre, le métal se précipite sur l'aiguille et la recouvre d'une couche rouge.

En versant sur le mollusque quelques gouttes d'alcali, on obtient, s'il y a du cuivre, une couleur bleue caractéristique.

Rien n'est plus savoureux, plus engageant et en même temps plus stomachique que ce délicat coquillage; pour préparer l'estomac à un bon repas et solliciter l'appétit, il n'y a rien au-dessus d'une bonne douzaine d'huîtres accompagnée de gentil vin blanc.

Il convient non seulement aux personnes bien portantes, mais encore à celles qui sont épuisées, aux malades et aux convalescents; les phthisiques, les goutteux, les scrofuleux, les chlorotiques, se trouvent très bien d'en manger. Il rappelle l'appétit et stimule légèrement les organes digestifs devenus paresseux. Il faut que les huîtres soient mangées fraîches, sans cela elles sont indigestes. Elles ont la propriété de tenir le ventre libre. Oribaze, médecin de l'empereur Julien, lui en conseillait l'usage à cet effet; Galien est du même avis. De nos jours, on recommande l'eau des huîtres dont la saveur plaît à beaucoup de personnes, et plusieurs médecins la conseillent pour faciliter la digestion dans certains cas de dyspepsie et chez les enfants pour combattre le lymphantisme. Mais pour qu'elles produisent leurs bons effets et donnent toutes les satisfactions que le consommateur est en droit d'attendre d'elles, il est nécessaire qu'elles possèdent comme conditions essentielles : finesse, fraîcheur et santé, sans quoi c'est le mets le plus détestable que l'on puisse imaginer.

Nous devons rejeter de la consommation les huîtres ternes, laiteuses ou veuves de leur eau, car elles sont susceptibles de déranger la santé des personnes qui commettent la sottise de les manger.

Rien ne prête plus à la fraude que le commerce de ces mollusques : un grand nombre d'expéditeurs mélangent ensemble avec connaissance de cause : cancales, marennes, armoricaines, etc. ; ce qui induit en erreur le consommateur. Nous avouons avoir souvent de la peine à nous y reconnaître ; le mieux en pareille circonstance est d'exiger une marque connue par son honorabilité.

Un produit qui a pris aussi faveur chez nous, est l'huître *marinée*. On nous en expédie une certaine quantité de Granville où elle est préparée avec beaucoup de soin, il est même fâcheux que la rareté du coquillage vienne à entraver l'extension de ce commerce.

Dans l'antiquité, on prétendait et encore de nos jours on suppose que l'huître répare les forces des personnes qui ont eu une jeunesse orageuse ou qui ont fait de trop nombreux voyages à Cythère. Nous affirmons qu'il n'en est rien, et nous conseillons à ces malheureux infirmes de ranimer les derniers restes d'une ardeur qui s'éteint par un travail modéré, une nourriture saine et les nobles exercices de la chasse. Nous ne pouvons rien ajouter de mieux qu'en rappelant le meilleur des préceptes hygiéniques d'Horace :

> Solve senescentem mature sanus equum, ne
> Peccet ad extremum ridendus et ilia ducat.

## Moule (*Mytilus malacor*, Linné).

La moule est un mollusque bivalve, sans tête, sans yeux ni organes de la mastication. Nous avons celle de mer et celle de rivière : la première, qui est la meilleure, a la coquille ovale, concave en dedans et convexe en dehors, elle est polie, luisante, de couleur bleuâtre ou noirâtre. Ce mollusque se trouve dans la mer sous forme de bancs si considérables que souvent les navires sont entravés dans leur marche, et on est obligé de détruire cet obstacle avec des crampons de fer ; il habite également les rivières et les étangs. Il arrive chez nous depuis septembre jusqu'au mois de mai ; il nous est spécialement envoyé de Boulogne, de la Belgique et de la Hollande.

La chair des moules quoique visqueuse est assez agréable au goût, c'est l'*huître* du pauvre, sa couleur est d'un bleu jaunâtre. Elle présente l'inconvénient d'être indigeste et de donner la diarrhée si l'on en fait le plus léger abus. Nous ajouterons que quelques moules sont vénéneuses et peuvent produire sur ceux qui les consomment tous les symptômes d'empoisonnement. Du reste, l'odeur vireuse et nauséabonde qu'elles répandent ne doit laisser aucun doute sur leur peu de salubrité en général. Nous avons lu plusieurs observations de savants médecins qui rapportent que ces coquillages sont sujets à plusieurs maladies qui en rendent l'usage très dangereux. Au nombre de ces affections, nous citerons spécialement la mousse et la gale; certains petits crabes qui se logent parfois dans les valves du crustacé peuvent également le rendre nuisible à la santé. Rejetons de la consommation les moules qui restent à la surface de l'eau, car elles sont insalubres. Il est vrai que les acides, les lavements et les vomitifs contrebalancent les mauvais effets qu'elles produisent, nous conseillons le procédé des gens d'Isigny qui emploient avec succès le lait chaud et froid. Nous croyons prudent de s'abstenir d'un aliment indigeste, ayant peu de matière nutritive et susceptible de produire des rougeurs, des démangeaisons

15.

de la peau, des suffocations, des vomissements et des bouffissures de la face.

Pour les débarrasser de tout principe délétère il est urgent de les faire dégorger pendant quatre ou cinq heures dans de l'eau qui sera renouvelée plusieurs fois.

## Escargot (*Limax*, *helix*).

Ce limaçon à coquille offre de nombreuses espèces ayant toutes la même nature ; nous voyons des gros escargots, des moyens, des petits, des blancs et des noirs. Ceux qui se vendent sur les marchés et dans les rues proviennent spécialement du Mans et de la Bourgogne. De tout temps, ils ont été en grand honneur comme aliment recherché. Pline dit que les Romains l'estimaient tellement qu'on leur faisait des constructions spéciales où on les séparait par variétés ; ils les engraissaient en les mettant dans des cruches remplies de moût cuit et de son. En France, ils sont également très goûtés, et Paris en fait en toute saison, notamment pendant le carême, une consommation prodigieuse.

Plusieurs restaurateurs à la mode ont la spécialité des escargots de Bourgogne ; cette préférence a sa raison d'être parce que ceux qui proviennent de ce pays se sont nourris dans les vignes de plantes aromatiques qui rendent leur chair très friande. On en extrait un sirop (hélicine) et **un** bouillon qui est un calmant pour les estomacs irrités. L'escargot est un aliment nourrissant que nous croyons devoir recommander, à la condition de n'en pas faire excès, car sa digestion est assez difficile. Les Romains faisaient griller ces mollusques sur des grils d'argent, ils prétendaient qu'ainsi préparés ils avaient la vertu de provoquer à boire.

Les personnes qui ont l'habitude d'acheter les escargots tout préparés doivent se mettre sur leurs gardes ; elles agiront sagement en ne s'adressant qu'à des maisons connues et recommandables, car nous avons constaté une fraude qui consiste à substituer du mou de veau ou de mouton à la chair d'escargot.

Les grenouilles et les tortues se vendant beaucoup sur nos marchés, nous allons en dire quelques mots.

# CHAPITRE V



## Grenouille (*Rana esculenta*, Linné).

. La grenouille est un animal quadrupède, ovipare, sans carapace ni écailles ; sa gueule est garnie de dents et sa langue fourchue en arrière est libre dans le tiers postérieur de sa longueur. Les mâles sont pourvus d'une vessie vocale très apparente placée au fond de la gorge ; les femelles en sont privées, c'est pour cette raison que leur coassement est plus léger. On suppose que les Romains ne mangeaient pas la grenouille, Galien ne la mentionne nulle part. Au moyen âge, un grand nombre de médecins attribuaient à cet aliment des éléments délétères. Aujourd'hui encore, les Anglais en ont horreur et le rejettent impitoyablement de la consommation. En France et en Italie, la grenouille obtient une appréciation toute différente, ses membres postérieurs qui sont très charnus paraissent sur les meilleures tables. Nos voisins d'outre-Rhin sont encore moins susceptibles, ils mangent tout, sauf la peau et les intestins. C'est en automne qu'elle est surtout recherchée, parce qu'elle est grasse et de saveur délicate. Cet aliment n'est pas du goût de tout le monde et cependant cette viande qui est blanche contient un principe gélatineux qui la rend saine, délicate et légère à l'estomac. Elle convient donc aux personnes faibles et aux valétudinaires.

On distingue deux espèces comestibles :

La *commune*, dont le corps verdâtre est parsemé de taches brunes et jaunes. Quand elle a acquis toute sa croissance, elle a 5 à 6 centimètres de longueur.

La *rousse* dont le corps est d'un jaune couleur de rouille tacheté de brun, ses pattes de devant sont brunes et son ventre blanc piqueté de brun ; elle porte une grande tache noire placée entre les yeux. La ressemblance de la grenouille avec le crapaud empêche beaucoup de personnes de la manger. Si l'animal est vivant, il est facile de le distinguer.

La grenouille, vive et alerte, fait de grands sauts, tandis que la marche du crapaud est très lourde ; elle se distingue surtout par son corps plus allongé et son museau plus pointu que celui du crapaud. Ses pattes de derrière sont longues et ses yeux sont entourés d'un cercle de couleur d'or, sa langue est fourchue en arrière, et sa bouche est armée de dents, tandis que celle du crapaud en est complètement dépourvue.

Quand les cuisses du crapaud sont dépouillées et mises en vente pour celles de la grenouille par des marchands de mauvaise foi, on les reconnaît d'abord à leur plus petite dimension, mais surtout à la chair qui est jaune et grasse ; au goût, elle est fade et peu agréable. Du reste, l'idée seule de l'animal inspire du dégoût.

Les départements de la Côte-d'Or et de la Marne sont ceux qui nous expédient les plus grandes quantités de grenouilles. C'est à l'aide de ce batracien que l'on a fait les premières découvertes dans l'électricité galvanique.

Autrefois on attribuait aux grenouilles des propriétés thérapeutiques merveilleuses. Ainsi Pierre Gonthier prétend qu'un potage de ces animaux entretient la fraîcheur du visage chez la femme. Untzer avance avoir guéri des épileptiques avec des grenouilles accommodées d'une certaine manière ; d'autres auteurs admettent qu'elles guérissaient encore la phthisie pulmonaire, les fièvres pernicieuses et les maux de dents. De nos jours on n'ajoute aucune croyance à toutes ces utopies.

Nous devons ajouter, pour être exact, que Grisolle, dans son *Traité de pathologie interne*, admet que chez la femme, l'usage de la chair de la grenouille peut produire la leucorrhée (1).

## Tortue.

La tortue est un reptile amphibie dont le corps est recouvert par un test osseux qui ne laisse passer que la tête, les pattes et la queue. On la rencontre presque dans toutes les contrées du globe, elle habite surtout les pays chauds. Sa nourriture se compose d'insectes, de matières animales, de graines et de fruits; pendant l'hiver, elle s'engourdit et reste des mois entiers sans rien manger. Sa vie est de longue durée, on en a conservé qui ont dépassé cent vingt ans. Chose bizarre, on peut lui enlever la cervelle, lui ouvrir le corps et même lui couper la tête sans qu'elle cesse de vivre encore pendant plusieurs mois.

Les anciens connaissaient la tortue, et plusieurs médailles grecques en portent l'empreinte, elle était regardée comme l'emblème de la douceur, et on en voit une sculptée au pied des statues de Vénus.

Dès la plus haute antiquité, les habitants de la Grèce avalaient le sang de cet animal pour se

(1) Grisolle, *loco citato*.

donner de la force et de la vie. Chez nous, la lenteur de sa marche est devenue proverbiale.

On distingue plusieurs espèces de tortues, mais trois seulement sont comestibles : la tortue d'eau, de terre et de mer.

Leur chair est blanche, nourrissante et de facile digestion. En Angleterre, on en fait une grande consommation. A Paris, on en confectionne des potages, des bouillons et même des bonbons qui sont utilisés comme remèdes anodins et réparateurs.

Les œufs de tortue ont la grosseur de ceux du pigeon, la cuisson ne coagule pas leur albumine qui conserve la transparence d'une gelée bleuâtre, ils sont très estimés des gourmets.

Les Chinois font, avec la tortue, un vin qui est d'un bon usage contre la bronchite.

Dans les restaurants de second ordre de la capitale de France, on sert comme potage à la tortue une soupe bien inférieure à la précédente et faite avec de la tête de veau.

# CHAPITRE VI

## ALTÉRATIONS DU POISSON.

La qualité essentielle que doit présenter la chair des poissons est incontestablement une grande fraîcheur, et lorsqu'elle est altérée même à un faible degré, sa consommation devient dangereuse. Nous ne connaissons rien de plus fragile que cette marchandise, et nous n'exagérons pas en disant que nous avons vu conduire aux dépotoirs, dans une seule journée d'été, des centaines de mille kilogrammes de poissons corrompus ; cela arrive surtout dans les saisons chaudes, quand la température est lourde et orageuse. Ces faits s'expliquent en vertu du faible degré de fermeté, peut-être de la vitalité moindre qu'offre le poisson relativement aux autres animaux ; les conditions extérieures dans lesquelles il peut se trouver, et certains procédés spéciaux employés que nous indiquerons sont également susceptibles de concourir à sa décomposition rapide.

Le poisson frais se reconnaît à la fermeté de la chair, à la couleur rose vermeil des ouïes, à la transparence et à la vivacité des yeux et à l'odeur *sui generis* qu'il possède. Nous avons donc pour reconnaître son altération trois sens précieux : la vue, le toucher et l'odorat.

Pour mieux faire apprécier l'importance de ces auxiliaires indispensables, nous allons prendre un sujet quelconque, le maquereau, par exemple.

Aussitôt sorti de l'eau, ce poisson a un aspect brillant et lustré ; tenu à la main, il présente à la pression des doigts de la dureté, de la consistance et de l'élasticité. Ses yeux sont clairs, ses ouïes d'un beau rose caractéristique, et il n'impressionne pas désagréablement l'odorat, car il exhale l'odeur de marée particulière au poisson fais. Il va sans dire que nous trouverons bien des nuances spéciales aux espèces ; ainsi un poisson qui aura vécu dans une eau bourbeuse sentira la vase, un autre dénotera son origine par l'odeur des algues ou des herbes marines, mais il est facile de tenir compte dans son appréciation de ces particularités.

Lorsque notre maquereau aura passé à l'air un temps variable, il subira des modifications plus ou moins rapides, selon les causes qu'il rencontrera. A mesure que l'origine de la mort s'éloigne, sa peau se crispe, se ratatine et même se déchire en plusieurs endroits, le poli et le brillant disparaissent pour faire place à une nuance terne qui est loin de flatter les yeux.

On constate de la mollesse dans la chair, le toucher des doigts forme des dépressions qui persistent plus ou moins; les tissus devenus mous, sans résistance, n'offrent pas cette élasticité qui les caractérise à l'état normal, et si la décomposition est déjà avancée, les fibres constituant la chair se dissocient et se déchirent pour ainsi dire d'elles-mêmes. Les ouïes revêtent une couleur sombre et blafarde, les yeux sont fermés, ternes et vitreux.

Dans les poissons pourvus d'écailles, celles-ci s'enlèvent presque sans effort, et, devenues visqueuses et gluantes, elles collent aux doigts. Enfin l'odeur ammoniacale et nauséabonde qu'ils dégagent indique d'une façon péremptoire la nécessité d'en opérer la destruction.

La putréfaction n'existe pas toujours à un degré aussi élevé, quelquefois le poisson possède encore une certaine consistance, la flaccidité des chairs n'est pas très prononcée et les doigts ne laissent que de l'œdème, c'est-à-dire une dépression peu sensible. Dans ces conditions, il faut encore le sacrifier et le jeter aux ordures.

En effet, nous avons reconnu que par la cuisson ses éléments nuisibles se développent, car on constate le dégagement de gaz acide sulfhydrique ou odeur d'œufs pourris dû à la quantité relativement considérable de soufre contenu dans les tissus. Il frappe le goût d'une saveur amère très manifeste, autant de causes qui le rendent tout à fait impropre à l'alimentation. Chez quelques espèces qui se nourrissent de vers et de détritus de toutes sortes, nous avons trouvé dans l'intérieur du poisson, même vivant, des petits vers plus ou moins nombreux dont il ne faut nullement se préoccuper en le vidant, si son état de fraîcheur est reconnu.

Le mode d'emballage contribue à la conservation du poisson. Il est défectueux quand on expédie la marchandise dans des paniers trop petits ou trop pleins, lorsqu'elle est trop serrée et que, par le frottement, il se produit des déchirures dans les tissus.

Le poisson qui séjourne trop longtemps dans la glace subit plus vite l'influence de la température ambiante quand on le dépose sur les tables de marbre pour l'exposer en vente, et non seulement la glace a pour effet de cuire la chair, mais elle la rend encore molle et sans goût.

L'électricité et la chaleur sont des agents puissants de putréfaction. Il est donc facile de s'expliquer les raisons pour lesquelles les vendeurs, dans les rues, ont en été beaucoup de poisson avarié. L'air chaud et le soleil agissent grandement sur une marchandise délicate, peu ou point protégée par un linge ou des herbes dont la quantité et la fraîcheur elles-mêmes font complètement défaut.

Les manipulations trop souvent réitérées ramollissent les chairs, les rendent molles, flasques, et favorisent la décomposition. Un procédé bien défectueux est celui qui consiste à rafraîchir souvent le poisson avec de l'eau et à l'essuyer avec un linge pour tenter de lui rendre son aspect brillant. Ces lotions plus ou moins nombreuses imprègnent les tissus d'une certaine quantité de liquide qui a pour effet de relâcher leurs fibres et de les rendre plus sensibles aux agents putrescibles.

Il est bien naturel que l'on cherche à atténuer autant que possible les effets funestes de l'atmosphère sur le poisson. Les moyens les plus communs sont les herbes fraîches, la glace et l'eau. Nous sommes parfaitement d'avis que l'on prenne la précaution de protéger ces animaux avec des herbes, surtout celles qui dégagent une odeur aromatique comme le persil, le cerfeuil, car elles ont la propriété de parfumer leur chair. Le meilleur procédé de conservation est certainement de les placer tout vivants dans l'eau qui est souvent renouvelée.

La glace est en grande faveur, elle a l'inconvénient, avons-nous dit, de ramollir par son contact trop prolongé, le tissu musculaire et de favoriser la décomposition quand il reprend la température ambiante.

Nous ajouterons que plusieurs fois en hiver nous avons constaté que des poissons gelés avaient toutes les apparences de salubrité, mais une fois revenus à une température de 12 à 15°, nous nous apercevions qu'ils étaient impropres à la consommation.

Quelques espèces se conservent plus longtemps les unes que les autres : celles d'eau douce doivent généralement être mangées peu après avoir été pêchées. Celles de mer peuvent attendre plus longtemps, en admettant pour toutes la même température.

Les poissons à chair rouge qui comprennent : le thon, le saumon, l'esturgeon, l'alose, la sole, le maquereau, la truite et le rouget, offrent une plus grande résistance à la décomposition.

Ceux à chair blanche ayant les tissus moins denses et moins serrés doivent être mangés le plus tôt possible.

Certaines variétés, comme le congre, l'anguille, la lamproie, la raie et d'autres encore, offrent moins de prise à la putréfaction, parce que leur corps est recouvert d'un enduit gluant et visqueux qui les protège dans quelques limites.

Des commerçants de mauvaise foi ne craignent pas, malgré une surveillance active, d'user de procédés répréhensibles pour faire croire à la fraîcheur de leur marchandise. Nous connaissons tous celui qui consiste à badigeonner au moyen du doigt ou d'un pinceau, les ouïes des poissons avec du sang de bœuf ou de porc. Nous lançons des montagnes d'anathèmes contre ces femmes peu scrupuleuses, qui portent outrage à la décence et au respect qu'elles se doivent, en employant pour cet usage le sang des menstrues quand elles n'en ont pas d'autre à leur portée.

La substitution d'une variété à une autre est un fait rare, car il serait difficile de faire accepter à un connaisseur une carpe pour une truite ou une limande pour une sole. Mais, le croirait-on ? la fraude s'exerce sur le poisson cuit. Nous l'avons remarqué maintes fois dans certains restaurants de Paris et surtout dans ceux des communes suburbaines.

En effet, dans la banlieue, elle s'opère sur une vaste échelle. Pour s'en convaincre, il suffit de faire une promenade un dimanche d'été *extra-muros* sur les bords de la Seine ou de la Marne. En demandant, par exemple, une friture de goujons, mets qui figure en première ligne sur la carte du traiteur aquatique, on pourra vérifier la véracité du fait que nous citons.

Au moyen d'un emporte-pièce habilement disposé, le malin industriel taille discrètement dans la chair d'une aiguille de mer, le nombre de goujons nécessaires. Ces pièces sont roulées avec soin dans la farine, puis mélangées à de vrais individus de l'espèce; le tout étant servi sur une serviette d'une blancheur éclatante couronnée d'un buisson de persil, l'illusion est complète.

Le même procédé est employé pour figurer une matelote odorante et tromper l'estomac du consommateur sans défiance.

Nous recommandons en passant, d'user modérément des fritures de poisson, parce qu'elles ont l'inconvénient d'être indigestes et d'incommoder fréquemment les personnes qui en feraient un usage trop souvent répété en leur donnant des aïgreurs d'estomac.

Les anciens ont constaté, et Pierre Gonthier luimême avoue, que quelque sain que l'on croie le poisson, il ne laisse pas d'avoir des maladies considérables qui en rendent quelquefois la chair très malfaisante.

*« Et quanquam piscibus nihil sanius, tamen interdum suis morbis infestantur, alii siquidem extenuantur, alii siderantur, alii languent, coloremque immutant, quare ita affecti non possunt laudabile suppeditare alimentum, quin morbos accersant (1). »*

(1) Petrus Gonthier, *De piscibus.*

M. Mégnin, notre distingué confrère, vient de découvrir tout récemment qu'une véritable épidémie parasitaire règne sur les perches de Seine. Le *corpus delicti* est un helminthe (*tricuspidana nodulosa*), qu'on n'avait pas encore vu en France, mais qui est commun en Angleterre et de l'autre côté du Rhin.

Les Allemands le rencontrent fréquemment encore dans l'intestin du brochet, de la truite, de l'ombre, du chabot et aussi dans des kystes du foie et du péritoine des mêmes sujets.

Les troubles morbides causés dans l'économie par l'ingestion de la chair de poisson en décomposition, sont subordonnés à plusieurs circonstances. Lorsque l'avarie est à son début, les symptômes passent quelquefois inaperçus : plus souvent, on observe de la diarrhée ou des vomissements ou une éruption cutanée éphémère. Si la putréfaction existe, les accidents sont beaucoup plus graves ; ils peuvent simuler une attaque de choléra ou un état typhoïde qui réclament des soins énergiques.

D'autres fois l'éruption ortiée ou scarlatineuse est très prononcée et peut avoir des conséquences mortelles. Les exemples rapportés par plusieurs auteurs ne font pas défaut. Il est surtout avéré que les œufs de certaines espèces sont malsains et les médecins les prohibent rigoureusement de l'alimentation. Lemery est encore plus affirmatif, il prétend que les œufs de tous les poissons sont toxiques et qu'ils ne diffèrent que du plus au moins. Sans être aussi exclusif, nous dirons que l'on peut manger avec modération les œufs de carpe et de perche, mais nous devons impitoyablement rejeter comme dangereux, ceux du brochet, de la lamproie, de la tanche, du turbot, du barbillon et de la lotte.

On est encore mal fixé sur la cause des accidents qu'ils sont susceptibles de produire, et on admet généralement qu'à l'époque du frai, le poisson se trouve dans un état physiologique spécial qui le rend délétère.

Nous devons faire un choix judicieux des différentes espèces, parce que quelques-unes deviennent venimeuses sous l'influence de la température, d'une nourriture spéciale ou par l'effet de substances qu'ils ont ingérées comme appât.

C'est le docteur Goupil de Nemours qui a attiré l'attention sur cette dernière particularité, et il a reconnu que la cause de l'empoisonnement de plusieurs personnes ayant consommé des barbeaux de rivière, était la coque du Levant que ces poissons avaient mangée.

Dans l'histoire de la Vendée, on rapporte à propos des noyades de Nantes, faites par Carrier en nivôse an II (janvier 1794), qu'on mourait partout et de toutes les façons. Bientôt l'eau de la Loire ne fut plus potable, on en défendit l'usage. Une ordonnance de police défendit même aux habitants de se nourrir du poisson pêché dans le fleuve; la lamproie surtout était mise en interdit.

Enfin quelques-uns renferment habituellement des principes immédiats particuliers qui rendent leur chair toxique. Le docteur Chishalm a constaté que l'anguille d'Otahiti produit après son ingestion une éruption scarlatiniforme abondante, suivie d'une tuméfaction de l'abdomen et d'un gonflement des mains et des pieds. L'usage de ce poisson comme aliment ne tarde pas à amener la paralysie des extrémités.

Il y en a encore d'autres qui doivent être rangés dans la catégorie des espèces dangereuses, sinon toxiques. Nous signalerons seulement ces petits poissons rouges que l'on conserve dans des bocaux par curiosité et qui dans nos pays paraissent tout à fait inoffensifs.

D'après le docteur Harmand, ils sont excessivement vénéneux en Chine et en Cochinchine, au point qu'il suffit d'en manger un petit nombre pour être certain de mourir.

Dans nos pays, les poissons tués par des substances narcotiques ou autrement nuisibles, ou pêchés dans des eaux où du lin ou du chanvre se

trouvent en macération, sont excessivement dangereux et doivent être rejetés de l'alimentation.

M. Stuard Eldridge, médecin en chef de l'hô-
pital de Yokahama, a fait un travail remarquable sur
les poissons toxicophores au Japon. Le savant docteur place en première ligne le saumon à partir
du printemps, et sa consommation hors saison produit les mêmes effets que celle de la viande en putréfaction. Il ajoute même qu'il est de toute nécessité de s'abstenir de manger le frai et le foie des
perches, des barbeaux et des brochets.

Les poissons et certains mollusques renferment
normalement de l'iode, du soufre et du phosphore
en quantité assez forte.

Il est facile de comprendre l'emploi thérapeutique que l'on peut en retirer.

Bien plus, nous devons à M. Chatin des recherches fort savantes sur l'iode assimilé par les poissons, et il a constaté qu'en faisant vivre quelques
animaux placés dans une eau chargée de ce principe, ils arrivaient assez vite à un état de saturation
remarquable sans compromettre leur existence.
M. Fournier a obtenu les mêmes résultats pour le
soufre et le phosphore. Nous aurons donc la facilité de nous servir de ces médicaments sous une
forme plus simple et plus agréable.

M. Husson, dans son *Traité de l'alimentation*

*animale*, explique la phosphorescence du poisson.

La première altération, dit-il, que l'on observe sur la viande de poisson de mer en particulier, est la formation d'une substance gélatineuse, à la surface de laquelle se développent de petites cellules d'un jaune roux. Il est parfaitement établi que ces mycodermes se comportent sous l'influence de la lumière comme des végétaux à feuilles vertes, c'est-à-dire qu'ils fixent le carbone de l'acide carbonique atmosphérique et mettent en liberté l'oxygène qui reste en dissolution dans le liquide où se développent les cellules. En sorte que si ce liquide renferme un germe ou ferment anaérobie, celui-ci pendant le jour est gêné dans son développement. La nuit, au contraire, les cellules végétales dégagent de l'acide carbonique qui protège le ferment animal et lui permet d'exercer son action de destruction. Ce dernier s'empare de l'oxygène des substances oxycarbonées dans lesquelles il vit, et, comme ce milieu est riche en substances phosphatées, il dégage en même temps des hydrogènes carbonés et phosphorés qui sont brûlés au fur et à mesure qu'ils se forment en déterminant les lueurs qui apparaissent sur la viande ; fait qui n'a rien de surprenant quand on songe au pouvoir oxydant que possèdent les ferments.

Pour le homard, les lueurs n'apparaissent qu'au

16.

moment où la viande se couvre d'un léger mucus (1).

Les crustacés dont la fibre musculaire est dense et serrée se corrompent cependant avec une facilité surprenante, leur nourriture y contribue sans aucun doute, car nous savons qu'elle se compose généralement d'insectes, de larves, de débris d'animaux et de viandes putréfiées.

Les principaux caractères de leur insalubrité résident dans l'état de leur test et l'odeur qu'ils répandent. Lorsque la décomposition s'en empare, leur carapace devient légèrement gluante et visqueuse, elle colle aux doigts et ne tarde pas à se désagréger aux articulations et ensuite à tomber d'elle-même.

C'est pourquoi nous nous défions toujours des homards et langoustes artistement ficelés. L'odeur du reste ne doit laisser aucun doute dans l'esprit de l'acheteur.

De même que les poissons, les crustacés sont sensibles aux agents atmosphériques, ils supportent difficilement et pendant fort peu de temps la chaleur.

Les mollusques résistent encore moins à l'influence d'une température élevée, et leur substance

_______________

(1) Husson, *loco citato*.

à demi gélatineuse les expose à une décomposition rapide.

Ils peuvent contenir, comme les coquillages, des principes nuisibles faciles à contrôler matériellement.

On rapporte des cas d'empoisonnement par les huîtres et les moules dus au cuivre dont ces animaux s'étaient imprégnés en se fixant sur l'armature extérieure des vaisseaux. Le célèbre professeur Bouchardat a cité plusieurs faits de ce genre. Nous avons indiqué les procédés de M. Crusent pour découvrir la présence de ce métal dans les huîtres, il peut également servir pour les moules. Une fraude qui pourrait avoir des conséquences désastreuses consiste à peindre les salicoques avec du minium.

Cette falsification est susceptible de produire des accidents saturnins aux personnes appelées à manipuler ou à consommer ces crustacés. Le docteur Guérard rapporte un cas semblable d'empoisonnement dans les *Annales d'hygiène.*

FIN.

# TABLE DES MATIÈRES

Pages.

## CHAPITRE V



# DEUXIÈME PARTIE

## CHAPITRE PREMIER



## CHAPITRE II



## CHAPITRE III

## CHAPITRE III



## CHAPITRE IV

## CHAPITRE V



## CHAPITRE VI



FIN DE LA TABLE DES MATIÈRES.

FIN DE LA TABLE ALPHABÉTIQUE GÉNÉRALE.

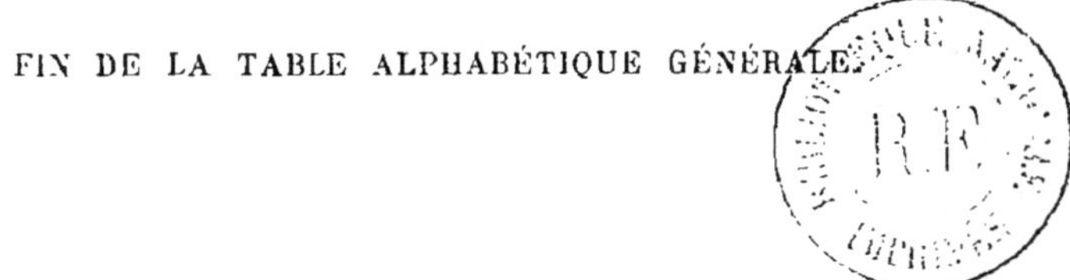

5942-82. — CORBEIL. Typ. et stér. CRÉTÉ.